任せることで子どもは伸びる

多賀少年野球クラブ監督
辻正人

ポプラ社

はじめに

以前、とある少年野球の大会に参加する機会がありました。

その日は朝から雨が降っていて、試合の開始時間が遅れることになったのですが、そのことを私が監督をしている多賀《たが》少年野球クラブの子どもたちに伝えたところ、雨が降っているにもかかわらず一目散に外にあった遊具で遊び始めました。

私は自分たちの判断で生き生きと遊ぶ彼らをほほえましく見守っていたのですが、ふとあることに気がつきました。彼らの遊んでいる様子を、他のチームの子どもたち数人が遠くからじーっと羨ましそうに眺めていたのです。

自分のチームの子たちよりもその子たちのことが気になってしまい、観察していると、そのうちの一人が「おい、俺らも遊んでいいかコーチに聞こうか？」と言い出しました。

そうしたら、もう一人の子がこう返したのです。

「そんなんムリムリ。どうせコーチにアカンって言われるに決まってるよ」


今、全国各地でこのような子どもの声が多く聞こえているように思います。

本来、子どもが遊ぶことに何も許可はいらないはずです。しかし、何をするにも大人の顔色を窺い、大人の許可なしでは行動することができない子どもたちが増えていると感じています。

自分の好奇心よりも、注意されないことを優先する子どもたち。

そのような子は、果たして「いい子」なのでしょうか。


私は、20歳のときに多賀少年野球クラブを立ち上げて、これまで37年にわたり指導をしてきました。試合中にサインを出さず子どもたちに自ら考えさせる教え方で、全国大会で3度の優勝、世界大会にも出場させていただきました。

また、卒団生の中には、プロ野球選手になったり甲子園に出場した子もいれば、野球とは別の道に進んで立派な社会人になっている子もいます。

長年にわたる指導を通じて、私が確信していることがひとつあります。
それは、スポーツには「自分で考える力」を伸ばす機会がたくさん詰まっている、ということです。
しかし、スポーツをしているときだけ「自分で考える」ことを求めても、子どもたちはできません。普段から自分で考えて決める経験がないと、その力は身につかないのです。

先ほどの例に戻ります。雨の中、外で遊ぶ子どもを見た親や指導者は、きっと「風邪をひくかもしれないからやめなさい」とか、「試合前なのにケガをしたらどうするの？」と言うでしょう。実際、かつての私であれば子どもたちにそう言ったと思います。それが「普通の育て方」です。

しかし、その根本には風邪をひかれたり、ケガをされたりすると手間が増えて困るという大人の都合が隠れています。もちろん子どもの体調が心配だということが大前提にありますが、親や大人自身にとって都合が悪くなることが心配なのです。

もし、子どもたちの「自分で考える力」を伸ばしてあげたいという気持ちがあれば、できる限り子どもたちの好奇心のままに、自然体で、思い通りに動かしてあげてほしいと思います。

もちろん、ただ放っておくというわけではありません。たとえば、ユニフォームが濡れてしまい、試合中に体が冷えないように「俺やったらユニフォームを脱いで、濡れてもいい格好で行くけどなぁ」と、子どもたちが自分で気づくように導いてあげることが私たちの役目だと思っています。

それに、多賀少年野球クラブの子どもたちは、何も考えず勝手気ままに遊んだり行動したりしているわけではありません。

我々が、これまで考えて取り組んできた指導法やヒントの与え方が、彼らに少なからずポジティブな影響を与えているはずです。

本書でも紹介する方法によって、子どもたちの中に「知識と考え方」が間違いなく蓄積され、「任せる」ことができているという実感があります。

自分たちで判断して、「やっていいこと／やってはいけないこと」「やるべきこと／やるべきではないこと」などを周囲の大人の顔色を窺わずとも、取捨選択する力が備わっているといえます。

本書を執筆中、チームの小学校5年生の子どもたちを連れてバーベキューに行きました。保護者には同行しないでもらい、私も見ているだけ。子どもたちだけで準備や食事をやってもらいました。

すると、最初はワーワー言いながら「こげる！　こげる！　早く食べよう！」と言っていた子どもたちが、肉を網の隅に置けば焦がさずに保温できると気づき始め、足りないものがあれば自分たちで探しに行く、食器や飲み物も周囲に気を配って用意するなど、みんなで協力しながら進めていけるようになったのです。大人が何も言わずとも自分で気づくことができるのだな、と子どもたちにあらためて教えてもらった経験でした。

大人が世話を焼いたり、必要以上に面倒をみたりしてしまうと、子どもたちはそれが当たり前になってしまいます。もちろん、手っ取り早く済まそうと思うなら親が全部やってしまえばいいのですが、それでは子どもの「考える力」は身につきません。いかに子どもを信じて任せる機会を与えられるか、大人が待てるか。そうすることで、子どもたちは自ら考え始めるのです。

「任せる」というと「何もしない」と勘違いされる方もいらっしゃるかと思います。しかし、そのふたつは似て非なるものです。

「任せる」ということは、子どもたちを信じて「待つ」ということ。任せることで、子どもたちが伸びるチャンスは増えるのです。

今、みなさんの目の前にいる子どもたちが一生懸命に取り組んでいるスポーツは、やがて彼らにとってレジャーになります。しかし、スポーツを通じて得た自分で考える力や自主性といった能力は、子どもたちの一生を支える財産になるでしょう。そして、その力を身につけるには、大人がいかに導くかが大切なのです。

本書には、私がこれまでの指導を通じて感じた、子どもの「考える力」を伸ばすために大人ができる9つの導き方を紹介しています。スポーツに限らず子どもとの接し方や関係性が変わりつつある今、多くの人にとって学びになる内容であると確信しています。

本書を通じて、野球はもちろん他のスポーツをする子どもたちを持つお父さん、お母さん、指導者の方々、そしてスポーツの垣根を越えて教育や子育てなど、子どもに関わるすべての人の手助けになれば幸いです。

もくじ

任せることで子どもは伸びる
スポーツで「自分で考える子」に育つ9の導き方

「どうして言うことを聞けないの？」
スポーツや習い事と上手に向き合えていますか？

第１章

楽しんでもらう

楽しめる力は、「入口」でしか身につかない

子どもが笑顔になる瞬間がどのくらいあるかを観察するところから始めよう

ここ数年、私がずっと意識しているのは「子育てに良いスポーツ」です。スポーツの本質は何か。まずは子どもも大人も、その競技を「楽しむ」ということではないでしょうか。

私が監督をしている多賀少年野球クラブには現在、小学生と幼児を合わせて約150人の子どもが所属しています。しかし、実績をあげている強いチームだから人がたくさん集まってくるのかというと、決してそうではありません。「多賀で野球をするのが楽しい」という満足感を与えることで多くの親子からの支持を得て、それが口コミや宣伝などで広がってくれているからだと思っています。

実は、私たちはもともと〝強いけれども支持されていないチーム〟でした。

２０００年に高円宮賜杯全日本学童軟式野球大会（マクドナルド・トーナメント）に初出場。そこから全国大会の常連となり、２０１１年までに準優勝2回、３位2回という好成績も収めています。しかし、部員はなかなか集まりませんでした。

原因はいろいろあったと思いますが、最も大きかったのは私の指導方針でしょう。当時はいわゆるスパルタ指導。「監督の指示通り動くんだ」「監督の言う通りにやったら勝てるんやから」と言って子どもたちにプレッシャーをかける。あれこれと指示を出し、半ば強制的に動かしていました。それでも結果は伴っていたわけですが、子どもたちは野球という競技を心から楽しむことができておらず、私の指示を理解していたのもおそらくその場限りだったのではないかと思います。

転機となったのは２０１１年、日本代表として出場した国際ユース野球イタリア大会です。結果としては優勝できたのですが、それよりも現場の雰囲気に大きな衝撃を受けました。

大会の役員や審判は日本のように細かくやっているわけではなく、時間がきっちりと守られていなかったり、アウトかセーフかの判定が微妙なものだったり。しかし、参加したヨーロッパのチームの子どもたちはそんなこともまったく気にせず、野球そのものを心から楽しんでいるように見えたのです。

「そうか、目的は大会をきっちりと進めていくことじゃない。子どもたちがこの場で野球を楽しむことなんや」

そして「自分もこんな雰囲気でやりたい」と思い、帰国すると「世界一楽しく！世界一強く！」という合言葉を掲げました。

時間やルールなどの規律を守ることは、それぞれの家庭や学校などで教わればいい。スポーツ少年団の指導者である私の役割は、イタリアのあの役員のように子どもたちが野球を楽しめる場を作ること。さらに野球を通じてものの考え方などを教え、子どもたちの成長の手助けをしていくことじゃないか。私はそう考えています。

ちなみに２０１７年の冬、今度は保護者のほうから「試合だけじゃなくて練習も楽しくはできないんですか」という意見が出ました。その頃は「試合を楽しくするためにも練習は厳しく」と考えていたのですが、「ホンマにその通りやな」と。そこからはみんながストレスを感じることのないような「親子で楽しい野球」を目指しました。

年が明けた２０１８年の初練習。私はいきなり口角を上げ、今まで見せたことがないような笑顔で子どもたちと接していきました。また、グラウンドにいる間だけその姿を演じているようでは、本当に楽しむ空気を作り出すことはできません。だから車の運転やコンビニでの買い物、飲食店での店員とのやり取りなどでも人に不快を与えないように振る舞い、自分が実際にそういう性格の人間に変われるように普段の生活から意識していきました。

　それと同時に、ただ笑顔でワイワイ盛り上がるだけではダメだとも思っていました。子どもたちをしっかりと育成し、上手くなっていることを実感させる。また、実戦を通して野球という競技そのものの楽しさを実感させる。「楽しい」には、そういう意味合いも含まれます。

　目的を変えるとチームが上手く回るようになり、結果的にも２０１８年、２０１９年と2年連続で日本一。さらに仲間も増え、相談できる人や応援してくれる人も現れ、少しずつ評判が良くなっていきました。そうやって、入部希望者がどんどん増えていったのです。

もうひとつ、ここ数年で部員数が激増して大所帯となった大きな要因は、「幼児教室」を始めたことです。

大人の言うことをなかなか聞いてくれず、しかも力が有り余っている幼児に対し、手を焼いている親は世の中にたくさんいます。そして、「子どもに何か習い事をさせたい」「子どもと一緒に時間を共有したい」と思っている人も多い。そんな中で1日90分程度、保護者同伴の幼児野球を始めると、まず年長の子がドーッと集まり、さらに年中や年少の子も来るようになりました。

ここで私が意識しているのは、子どもたちの心をつかんで楽しませることと、捕ることや投げることを短時間でも必ず上達させること。体験入部の小学生に対してもそうなのですが、一気に上手くさせて「すごいですね」と褒め、親子ともども気持ち良く帰ってもらえるように心掛けています。

子どもがただ楽しんでいる様子を見るだけでは、親子の楽しさは持続しません。そこに育成があるかどうか。親が子どもの成長を感じられるかどうか。

実際、車でグラウンドに連れてきているのは保護者なので、「わざわざここまで連れてきた甲斐があった」という充実感を得られるようにすることが大事です。

保護者の満足度こそが、私たち指導者に対する成績表。ですから、私は親の顔色もちゃんと見ながら指導するようにしていますし、良い笑顔で帰っていく姿を見るとやはり安心します。

スポーツの目的は、まずは「みんなが楽しむこと」です。そこだけは絶対にブレてはいけないと思っています。

自分の子どもがスポーツや習い事と上手く向き合えていないと感じている保護者の方は、「楽しむ」という原点を今一度考えてみてください。

子どもが、ワクワクして笑顔になる瞬間がどのくらいあるか観察してください。

子どもを伸ばすための第一歩はここからです。

年齢によって与える「楽しさ」の種類を変える

私は「楽しい」をいくつかの段階に分けて考えています。先ほど少し触れた通り、単純に笑顔でワイワイやって盛り上がればいいということだけではありません。

最初はもちろん、チームが活動する滋賀県犬上郡多賀町にある滝の宮スポーツ公園のグラウンドの雰囲気が「楽しい」というところからのスタートだと思います。

全員が同じ場所に集まりながら学年ごとにスペースを分けて練習し、あちこちでワーッと盛り上がっている。幼児教室もするようになったここ数年はさらにガヤガヤとした雰囲気で、初めて来た親子は足を踏み入れた瞬間、休日に大きな公園へ遊びに来たような感覚になるみたいです。

そこから野球をすることの「楽しさ」を感じてもらうわけですが、まず私が考えているのは「成功体験」についてです。

幼児教室や初心者の体験入部で最初に行うのは、ボールを捕ること。いきなり自力で捕るのは難しいので、このときは指導者が調節してボールをグラブに入れてあげます。

ボールが入る感覚を経験させたら、次は緩いゴロを転がしたり、それを左右にずらしたりバウンドをつけたり。これを捕ることができたらさらに楽しくなりますし、ボールを捕ってカゴに入れたら走って戻るというのを二人で競争させたりすると、勝っても負けてもキャッキャ言いながら喜んでいます。

ゴロの後は手投げで軽くフライを上げて捕ってもらったり、また前後左右に動かしたり。そうやって「捕る」ということができるようになれば、子どもたちの中ではボールに対する恐怖心がなくなっていくのです。

あとはボールの投げ方を教え、時間があるときはバッティング練習もしたり、小さいスペースでカラーバットを使った野球をしたり。速いボールを投げたり、バットにボールが当たったりするのも楽しいでしょう。

ここからさらに成長すると、今度は試合に対する「楽しい」が入ってきます。

私たちのチームの場合、幼児から小学校1年生までは仮入部扱い。一方、2年生からは正式な部員となって、実戦に近い練習を行ったり紅白戦や練習試合などを組んだりしていきます。

試合を経験すると、自分が上手くなるという楽しさだけでなく、それが試合につながるという楽しさ、さらには野球という競技そのものの楽しさや試合に勝つことの楽しさも感じられます。個としての「楽しい」に加えて、グループとしての「楽しい」も生まれてくるわけです。

これが両方あるというのが、団体スポーツの良さだと私は思います。

5〜6年生になると、逆にチームプレーのことを考えすぎて力を発揮できなくなってしまっている子もたまにいます。そういう場合、私は「チームのことは考えないでいいから、気持ち良く野球をやろう！」と言ってグラウンドに送り出します。

そもそも昔はみんな何も考えず、思い切り腕を振って速いボールを投げたり、思い切りバットを振ってボールを遠くへ飛ばしたりすることが楽しかったはずなのです。

たとえば、走者を進めようとゴロを狙っている打者がいて、バットでコツンと軽く当てるような消極的なスイングをしたとします。その場合はこんなやり取りになります。

辻「最終的に今の目的は何？」

選手「しっかり転がして走者を進めることです」

辻「じゃあフルスイングをして、最悪ボールが転がったらええやんか。そうすれば、上手く当たったらホームランにもなるし。最低でも走者がひとつ進むようなスイングに変えたらいいんじゃない？」

実際のところ、チームとしては野球の戦術の部分をしっかり教えているのですが、そこにこだわりすぎると子どもたちのスケールが小さくなりやすいというデメリットもあります。

だから、見逃し三振をした打者に対しては「昔はボール球でも全部振ってなかったか？　いつの間にストライクも振らないようになったんだ。思い切り振ったらいいんじゃない？」。

野手同士が間のフライを譲り合ってポトンと落としてしまったときには「昔は他の人のボールまで捕りに行っていたやん」。

そうやって野球を始めた頃の楽しさをもう一度思い出させ、エネルギーを溜めていくことも必要。その感覚に戻してからまたチームプレーを意識させてあげると、子どもたちが思い切り動けるようになって、楽しく良いプレーが出ることがよくあるのです。

学年や年齢ではなく、競技歴に合わせた接し方・教え方を

初心者の子がチームに入るとき、保護者には必ずこう言っています。

「野球の力をその子の年齢や学年で判断しないでくださいね。〝野球歴〟で考えてください」

私はどんな競技であっても、英会話のように早いうちに始めたほうが有利だと思っています。

多賀少年野球クラブの場合はまず幼児教室（または初心者の体験入部）という導入部分があり、そこで「捕ること」「投げること」という技術の基礎を身につけてもらいます。

そして「普通に練習しても危なくない程度の技術が身についた」と判断できたら導

入部分を卒業し、2年生以上が行う通常の練習に交ざっていく。そんな流れなのですが、数年後を見てみるとやはり、技術レベルは2年生以上になってから野球を始めた子よりも、幼児や1年生から経験を積んでいる子のほうが高いことが大半です。

もちろん例外もあって、野球経験ゼロでも運動神経の良い子、自分で考えて取り組める子などがグングン伸びていくケースもあります。ただ、詳しくは第3章で述べますが、私たちは時間を見つけては座学で野球の知識を教える時間を設けており、小さいうちから試合の考え方などもしっかりと伝えています。

そうなってくると、野球をちゃんと理解しているかどうかという部分でも競技歴によって差が出てきます。

ある年の秋、2年生チームが練習試合を行いました。1試合目は野球の実力が高い子たちで組んだAチーム、2試合目はそれ以外の子たちで組んだBチームです。

1試合目では、私が打席の立ち位置や「ストライクorボール」の判断などを細かく求め、子どもたちはそれを実行しようとしていました。彼らはやはり早いうちから野球を始めていて、保護者の声を聞いても「もっと上達してほしい」「いろんなことを教えてほしい」。だから、選手としての育成をより重視したわけです。

一方で2試合目は、まだ野球歴の浅い子どもたち。正直、野球の試合として成立しない可能性もあるレベルです。

ですから私はボール球だろうと、とにかくバットを振ったことに対して「ナイススイング〜！」と褒め、試合を楽しませる雰囲気作りに徹しました。

低学年の練習試合では「3アウトを取るか、3点を取ったらチェンジ」などと点数も制限しているのですが、Bチームの試合前、私は保護者を集めてこう言いました。

「毎回3点取られてチェンジになるかもしれないけど、一切気にしないでくださいね。今はそれでいいんです。試合を経験して子どもたちが楽しむことが大切ですから」

まだ2年生の段階で、すでにそうやって差が出るものなのです。

少年野球でよくあるのは、親が「3〜4年生くらいになったらチームに入ればいいんじゃないか」と考えているケースです。実際3〜4年生で入ってきた子どもの保護者に、私は冒頭のように伝えるのですが、最初はみんな必ず「いや、子どもが野球を楽しくやってくれればそれでいいんです」と答えます。

ところが、やっていくうちに自分の子が同じ学年の他の子に追いつけないことが歯痒くなり、「もっと頑張れ」などとキツく当たる。しかし、他の子だって頑張っている上にそもそも経験を積んできた土台があるわけで、そう簡単に差が埋まるはずはありません。

他チームから移籍してくる子の場合は「野球歴」を持っているので、ひとまず同じ学年に入れてレベルを見るところからスタートします。

ただ、それまでが完全に未経験なのであれば、4年生から入ろうが1年生から入ろうが「野球歴1年生」。

もちろん、その後の伸び率に個人差はあるものの、たとえば3年生で半年くらいしか経験していない子は、年長から入って1年半程度の1年生と技術レベルがあまり変わらなかったりもします。入ってきたばかりの4年生であれば、幼児から経験している2年生のほうが上手かったりもするのです。

逆にいうと、野球が上手い子のほうも勘違いしてはいけないということです。今はまだ蓄積してきた経験があるから周りの子よりも少しリードしているだけで、体の成長が止まり、みんながそれなりに経験を積んできた段階になれば、追いつかれてしまうこともよくあります。

野球を始めたばかりの子どもたちを見ていると、実は同じ学年の子との比較はあまり気にしていないように感じます。きっと、一番気にしているのは親なのでしょう。

絶対にやってはいけないのは、「他の子みたいに頑張れないんだったら、もうやめなさい！」などと言って、親の感情で子どもからスポーツを取り上げてしまうこと。

もし子どもがスポーツを始めるのであれば、年齢ではなく競技歴で判断して、温かく見守ってほしいと思います。

「お前は悔しくないのか!?」

いつの間にか子どもに感情を押しつける指導をしていませんか?

第2章

やる気を出してもらう

煽ってやらせるより、内発的なやる気を出させるための声掛けをしよう

子どものやる気を引き出すには「スタートライン」を揃えない。心が動けば子どもは育つ

子育ては、いつの時代も「最近の子どもは……」というフレーズで語られることがよくあります。

私が感じているのは、最近の子は情報が溢れた社会で育っている分、昔の子よりも確実に頭が良くなっているということです。ただ一方で、感情をあまり表に出さない子が多く、何を考えているのか分かりにくいケースも増えていると聞きます。

それを解消するためには、スポーツを始めるのが近道かもしれません。小さいうちから親以外の大人と接し、日常生活とは別のことを教わりながら失敗や成功を重ねていく。そういう経験によって「悔しい」や「嬉しい」、そして「これをやりたい」といった感情が出るようになり、だんだんその子の傾向が見えてくるのです。

さらに子どもの心を開くためには、大人のほうにユーモアも必要です。

あるときの幼児教室では、お父さんに肩車をしてもらったまま降りようとせず、練習の輪に入ろうとしない子がいました。ただ、手にグラブは着けているので、嫌々連れて来られたわけではなさそう。私はその子のところへ近づいていき、肩車の状態でグラブを目掛けてボールを投げてあげました。

「おっ、入った！　すごいなぁ!!　天才ちゃうか？」

さらに何球か続けているうちに、今度はボールをこぼしてお父さんの頭に当たってしまいました。

「あっ！　当たった、当たった！　捕ってあげないと。お父さん痛いで（笑）」

そんな声掛けでだんだんその子は笑顔になっていき、お父さんから離れて練習に参加するようになりました。

親の立場からすると「せっかく来たんだから」と練習に参加するようについ促してしまいがちですが、それで子どものやる気が出ることはありません。無理にやらせようとしても子どもは嫌がります。また、離れたところから指導者が「こっちにおいで。

一緒にやろう」と言っても同じです。

まずはその時間、その場所にその子がいるということだけで奇跡。私はそう思っています。

決して全員が同じスタートラインに立つ必要はありません。まずはその子の環境——今回のケースでいえば肩車をされた状態のまま、自然と練習に入りやすくなるような導きをしてあげれば良いのです。あとはユーモアを交えて子どもを愉快な気持ちにさせながら、いかに目的のものに興味を持たせていくか。そこが肝心です。

そして、心が動けば子どもは必ず成長します。

私たちのチームには悩みを抱えて他のチームから移籍してくる子も多いのですが、あるとき、こんなことがありました。

その子は3年生のときに他チームから移籍。途中からの入部でも心配することなく周りに溶け込み、練習も楽しそうにやっていました。ところが「よし、みんなで紅白戦しようか！」と言った途端、「いや……出たくないです」。本来、試合は子どもたちにとって一番楽しいもの。紅白戦と聞けば、喜ぶものだとばかり思っていました。

私は「そうか。じゃあ無理せんでもええよ。練習しときな」と言って、後ほどその子のお母さんに事情を訊ねました。

そこで分かったのは、もともと所属していたチームでは人数が少なかったため、6年生の試合にも一緒に出ていたのだと。しかし、明らかにレベルが違うのにもかかわらず6年生と同じように扱われ、ミスをすると怒られてばかりで、試合が嫌いになってしまったのだそうです。

そんな子に変化が見られたのは3年生の終盤です。毎年3月末、各地から3年生チームを集めて多賀グリーンカップという大会を主催しているのですが、その年は私たちのチームが優勝しました。すると、その子が帰りの車の中でお母さんに言ったそうです。

「試合に出たかった……」

お母さんからも「すごく嬉しかったです」と、私のところへすぐ報告がありました。

今までは「練習はしたいけど、試合には絶対に出たくない」。しかし、みんながワーッと盛り上がりながら団結して戦っている姿を見て、初めて「試合っていいな」

「あの輪の中に入りたいな」と思ったそうなのです。

その後、4年生になるとレギュラーではなくてもずっと頑張り続け、平日の自由練習（火曜と木曜の夜にグラウンドを開放）にも来るようになりました。

さらに「捕る」「投げる」「打つ」という野球の個別のプレーだけではなく、どうやって試合を進めていくかといった競技全体のことにも興味を持ち、走塁の考え方なども一気に覚えていきました。そうやってグーッと伸びて周りに追いつき、5年生になるとついにAチームでレギュラーになったのです。

やる気というものは、人から言われて生まれてくるものではありません。本人の心が動くかどうかなのです。そこが一番大切だということを、彼の姿を見てあらためて学びました。

そして、心を動かしてもらうのに効果的な方法として、子どもそれぞれの事情があるということを理解し、みんなと同じ環境にしようと「強制しない」ことの重要性を実感しています。

「自分が子どもだったら……」大人の都合ではなく、子ども目線で考えることの大切さ

それでは、子どもに強制しないためにどうすればいいのか。私は「子どもの目線に立って考える」ということを意識しています。

ある朝、４年生チームがバッティング練習をしていたときのこと。４年生のお兄ちゃんと一緒に来て幼児教室の時間までグラウンドで待っていた弟が、グラブを持ってウロウロしながら、守っている４年生の前まで何度も出ていこうとしていました。

おそらく自分も「ボールを捕りたい」と思ったのでしょう。ただ、そのお母さんは「前に行ったらダメだよ」と声をかけます。速い打球が飛んでくると危ないから、４年生よりも後ろで守って、抜けてきた打球を捕るようにと促していました。

それでもおさまらないので、今度は地面に円を描いて「じゃあこの中に入ってやり

な」と。強制的に連れ戻さないという点では、上手いやり方だといえます。

ただ、その様子を見ていた私はこう思いました。

「もし俺が子どもやったら、それ嫌やなぁ」

子ども目線に立ってみると、そもそも大人が勝手に描いた場所にジッとしていなきゃいけないというのは嫌なもの。また、百歩譲って円の中にいるのはいいとしても、せめて円を描く場所は自分で決めたい。そして、できればボールが飛んでくる確率が高いところに移動したいはずです。

私はその子にこう伝えました。

「自分でこれと同じ大きさのマルを描いて、そこにいていいよ」

こうすれば自分で場所を決められます。すると、その子はレフト方向にバーッと向かって円を描き、そこでジッとボールを待つようになりました。バッティング練習では右打者が多く、左方向に引っ張った打球がバンバン飛んでいるのを何となく感じ取っていたのです。これは、野球をする上ですごく良い感性だと思います。

子どもが「やってみたい」と思っているのにもかかわらず、大人がその先の結果を勝手に想像して「やめておきなさい」とストップをかけ、可能性を制限してしまうケースは非常によくあります。

幼児教室などになると、こういうケースは日常茶飯事です。

たとえばボールを捕る練習をしているとき、話をまったく聞いていなかったり、並んでいる列からわざと大きくはみ出したり、私のほうへ来て進行の邪魔をしたり、あるいは途中でどこか別の場所へ行ってしまう子もよくいます。その親は気が気でなく、子どもたちに「それはダメ」「邪魔しない」「話聞いて」などと注意をしています。

ただ、私はその行動を把握しながらも、あえて何も言わずにスッとかわします。

もともと幼児教室に参加する子どもたちというのは、野球と遊びが半々くらいの気持ちで来ているケースがほとんどです。

最初から「上手くなりたい」「練習したい」が１００％ではないのに、こちらが「しっかり練習してみんな上手くなるんや」といった雰囲気で誘導したら、おそらく子どもたちは嫌になってしまうでしょう。

ただし、みんな「上手くなりたい」という気持ちは少なからず抱いているからグラウンドに来たわけで、「野球」の練習で楽しい雰囲気を作って盛り上げていると、「遊び」に傾いていた子もだんだん「なんか面白そうだな」と参加するようになります。「遊ぶのが楽しい」と「野球が上手くなりたい」の比率がだんだん変化していくのです。

毎週のようにグラウンドに来ている。それだけでも、子どもたちにとってはすごいことです。

そして「週末は外で遊ぶ」という習慣の中でだんだん野球への比重が大きくなり、「自分にとっての遊びが野球だった」という感覚になっていけば十分です。

子ども一人一人に差はありますが、とにかくその気になるまでジーッと待ち続け、興味を持った瞬間を逃さずに一気に上達させて「もっと上手くなりたい」と思わせる。私はそういう感覚で指導しています。

こちらから働きかけすぎると、子どもは嫌がります。親に「勉強しなさい」と言われてやる気の出る子どもがこの世に存在しないように、練習に参加しない子に対して「あっちへ行って一緒にやろう」と押し出しても、輪に入りたがらないのは普通の反応。自分が子どもの立場だったとしても、やっぱり嫌がるだろうなと思います。

大人は、子どもの行動からいろいろなものを学ばなければなりません。

「そうだ、そうだ。自分も子どもの頃はそうだった。気持ち分かるな」

親御さんたちにはぜひ、そうやって子どもの目線に立って考えられる大人になってほしいと思っています。

親子でいい関係性を築くためには、大人同士の適切な距離感をイメージしてみる

「子どもの目線に立つ」とは、子どもを子ども扱いすることではありません。むしろ、私は小学生くらいからはもう大人と同じように接するようにしています。

もちろん、最初のうちは幼児期の延長で「可愛い」と思いながら丁寧に接しているので、子ども扱いでも問題は生まれません。ところが、いつまでも子ども扱いをしていると、親は子どもの成長につれてだんだん偉そうな態度を取るようになっていくのです。

大人同士の場合、たとえば会社で信頼されている上司は部下に対し、決して「この仕事をやれ！」などと一方的な命令はしません。

しかし家庭になると、多くの親は子どもに対して「宿題をやりなさい！」と、なぜ

か命令口調になります。そんな上から目線の言い方では部下がついてくるわけもないですし、子どもも「よし、宿題をやろう」と思うはずがないでしょう。

そもそも親というのは、子どもが生まれれば誰でもなれます。そのための資格もなければ、研修があるわけでもない。初めて子育てを経験しているわけですから、いってみれば「子育て初心者」なのです。

大人はその子のためを思って言ったことでも、本人からしたら「そんなことは言われなくても分かっているから」と思っていることが多いです。何かアドバイスをするのであれば、本当にその子が気づいていない部分を教えてあげることが大事です。

ただ「宿題をしなさい」と言うのではなく、宿題をしないとどうなるのか、もしくは宿題をするとどうなるのか、ということまで伝えて導くことで、初めて子どもに判断を「任せる」ことができるでしょう。

そして、親子で良い関係性を築くためには、大人同士の適切な距離感をイメージしてみるといいでしょう。

たとえば机の上に物が散らかっていたとします。そこで、大人同士なら何と言って注意するのか。

「この状態で大切なものがなくなったら困るよね。もう少し整理したほうがいいんじゃない？」

おそらく、そういう丁寧な言い方になるはず。子どもに対しても、そういう言葉をかけてあげたほうが響くと思います。

振り返ってみると、私は子育てにおいてかつての上司から大きな影響を受けたのですが、その人はやはり仕事の面でも尊敬できる人でした。

自分が率先して動き、こちらは指示されているわけでもないのに「あぁ、今はこれが急ぎの仕事なんだな」と感じさせられ、自然とその流れに乗って動いてしまう。そんな「導き」を持っている人でした。そして家庭においても、子どもに対して「勉強しなさい」などと言ったことは一度もなかったそうです。

そういう自ら行動を起こさせるような「導き」をするためにはどうすればいいか。

大人の場合は「この人から何かを学びたい」と思わせられるかどうかが大事ですが、子どもの場合は「楽しい」と思わせられるかどうか。ポイントはやはり、好奇心を大切にすることだと思います。

だから、私は練習でも試合でも最初に子どもたちを集めて、その日のテーマや目的を語ります。体を動かす前にまずは子どもたちの心を動かせるかどうか。そこで「やってみたい」「楽しそう」「頑張るぞ」と思わせられるかどうかが勝負です。

昔は命令形の指導だったので、子どもたちも「やらされている」という感覚があったと思います。チームを勝利に導くだけならば一番手っ取り早い方法ではあるのですが、そこで得たものが子どもたちに身についているかどうかは別。

私が後ろを向いているときはサボって少し手を抜いたりもするので、こちらもずっと監視し、管理しなければならない。これではお互いにストレスを感じてしまいます。

一方、今はこういう言い方をします。

「真剣にやるかどうかは自由や。手を抜くんやったら抜いてもいいよ。大人の顔色なんかまったく気にしないでいい。ただ、これを真剣にやっていったら自分がなりたい選手になれるんやぞ」

サボってもいいわけですから、監視の目を気にする必要はありません。それでも本人たちが「こういう選手になりたい」と思っていれば、自然と頑張ろうとするのです。

第5章で詳しく述べますが、私は、「滑り台の法則」だと思っています。

滑り台というのは階段が多ければ多いほど上るのはしんどいものですが、高いところから気持ちよく滑ることができる。「じゃあどの滑り台に行く？」と聞かれれば、やはり一番高い滑り台に行きたくなるものなのです。

子どもたちのやる気を促すために効果的な序列のつけ方

子どものやる気を促すためには、具体的な数字を見せるということも効果的です。

「はい、集合〜！　今からスピードガンで球速を測るからな。あのネットに向かって走って、思い切り投げる！　スピードは読み上げるから、自分の記録を覚えておいてな」

私がそう言うと、子どもたちは必ず盛り上がります。

このようにスピードを測って具体的な数字を見せることで、子どもたちはより速いボールを投げようとします。速いボールを投げるためには助走の力を利用することと、両肩を入れ替えるように体をしっかり回していくことが大切だと伝えており、子どもたちは1球ずつ球速の上下動を気にしながら、「次は1キロでも伸ばそう」と技術的なポイントを意識するようになっていきます。

そしてもうひとつ、具体的な数字を見せる目的があります。それは、「序列をつける」ことです。

私はこのとき、順番待ちの列に並ぶ子どもたちにスピードが何キロだったかと訊いて、速い順番に並べ替えていきます。自分が全体の何番目くらいの位置にいるのかをあえて認識させ、練習を見守っている保護者にも「ウチの子の力はこれくらいか」と分かってもらえるようにしているのです。

今の時代はかけっこで全員が手をつないでゴールするとか、演劇では全員が主役の桃太郎を演じるとか、子どものうちは心を傷つけないためにあまり順位をつけない、という考え方も広まっています。しかし私は、早いうちから順位づけに慣れさせせることも大切だと思っています。

そもそも、社会に出れば間違いなく序列というのはつけられるもの。それがないうちは仲間同士でも「自分のほうが上や」とぶつかったりして、いろいろなトラブルが起こります。

そこから序列がハッキリしてくると、「あぁ、あの子はあれが得意なんだ。でもこの部分では自分のほうが上だな」などと、そうやって現状を冷静に受け入れ、お互いを認め合えるようになるのです。

みんなで一緒にゴールテープを切ったところで、ただ傷つくことを避けているだけ。子どもたちは何も認め合えず、しかも最初からルールのように決まっているわけですから、それによって人を思いやる優しさが芽生えるとも思えません。

それならば、むしろ「アイツに負けた」という劣等感を抱くほうがいいでしょう。そういう経験を早いうちにしておくと、失敗や挫折に対しても打たれ強くなります。

また、決して序列の上のほうにいる子だけが立派に育つわけではありません。下のほうになったことで逆に「負けたくない」と感じ、その気持ちが原動力となってどんどん成長していったケースもたくさん見てきました。

ただ、子どもたちに対して、大人が無理やり「悔しがれ」と感情を押しつけるような指導は上手くいきません。「悔しかったら、これをやれ。もっと練習しろ」と煽るようなやり方では、今の子どもたちには伝わらないと思います。「なにくそ」と思わせようとすることは逆効果です。

それよりも重要なのは「序列をつけられた後にどう考えるか」です。

たとえばピアノの発表会などにしても、ただみんなの前で全員が演奏して終わるだけでなく、審査があったほうがレベルは上がると思います。そして金賞を獲った人などを目の当たりにしたら、周りは刺激を受けてレベルがもっと引き上げられていくでしょう。

そういうことが大事だと思うからこそ、私はあえて序列をつけるのです。

昨年、子どもたちの前でこんな話をしたことがあります。

「プロ野球選手になりたい人、手を挙げて。多賀に自分より上手い選手がいたら、もうなれないで。分かる？　なぜなら毎年、滋賀からプロに行くのって一〜二人くらいだから。なりたいんだったら、その選手らを全員抜いていかなアカンねん。練習試合でも『上手い選手はどこだ』って探して、その選手を見てマネをする。それで、『滋賀県ではもう俺より上手い選手はいないな』ってなった人が唯一、滋賀からプロ野球選手になる。もう一度言うよ。滋賀県の中で自分より上手い選手がいたら、プロには行けない。自分のチームで自分より上手い選手がおったら行けないよ。じゃあ、そのためにはどうするんやということや。みんなプロ野球選手になりたいんやったら、頑張ってなれ！　本気でなりたいんなら、それくらいの気持ちでやらないといけないんだよ」

　現実をハッキリと伝えたので、子どもたちにとってはかなりキツかったかもしれません。ただ、「だから絶対になれない」とは言っていない。大切なのは、それでも「プロ野球選手になりたい」と思って頑張れるかどうか。

　もう一度同じ質問をしても多くの子が手を挙げたので、序列をつけるという訓練は生きているのだと思います。

「とにかく元気、声を出せ！」

楽しさを正しく捉えられていますか？

第3章

考えてもらう

勝手に成長していくのは、「考える楽しさ」を知った子どもたち

「自分で考える力」を育んでもらう。材料を与え本質を教える多賀流の〝詰め込み教育〟

子どもたちには〝自分で考える力〟を養ってほしいと私は思っています。

そのためにもスポーツというのはおすすめです。なぜなら常に目標を設定し、成果を上げるためにはどうすればいいか、自分たちで考えながら工夫していくものだからです。

その中でも、特に野球は「考える」ということに適したスポーツだと思っています。

それはなぜか。サッカーやバスケットボール、バレーボールやラグビーなどのスポーツは、選手の能力の高いチームが順当に勝つことが大半です。しかし、野球の場合は番狂わせがよく起こります。

もしもホームランが4点、三塁打が3点、二塁打が2点、シングルヒットが1点という競技だったとしたら、やはり選手の能力が高いチームが当たり前のように勝つでしょう。

　ただ実際は「いかに走者を進めて本塁を踏むか」という競技であって、ヒットを合計で何本打たれても最後に本塁さえ踏ませなければ0点。逆にたとえば四球で走者が出て盗塁、盗塁、内野ゴロならノーヒットで1点。こうして1対0で勝つことだってあるわけです。

　戦国時代、頭の良い武将は兵士の数で圧倒的に負けていても戦略・戦術でハンディを引っくり返して勝ったりしていますが、私の中ではまさにそんな感覚。

　相手がこう動いてきたら、こちらはこう動く。こちらがこう動いて、相手をこう動かす。そうやって頭の中で将棋のように駒を動かしながら、攻め方や守り方を考えていくイメージです。

　しかし、いくら子どもたちに「自分で考えろ」と言っても、何も材料がない中では決して身につくものではありません。ですから、まずは考える材料を作るために座学を行っています。

ホワイトボードを準備し、1回に1時間ほどかけて「こういうケースはこうだ」と丁寧に一から説明。正式な部員となる1年生の冬から始め、少なくとも4年生の終わり頃まで、同じ講義を何度も行って知識を教えていきます。いわば〝詰め込み教育〟をするわけです。また、野球歴が浅くて完璧に理解できていない子もいるので、5〜6年生でも参加希望者は募っています。

小さいうちはおそらく何を言われているのかまだ分からないでしょう。ただ、とりあえず聞いてもらうだけでいいと思っています。

その代わり親にも必ず参加してもらっており、その頭の中に野球の考え方をしっかり入れておいて「子どもたちが分からなかったときは教えておいてくださいね」と伝えるようにしています。

そうすると親子の会話の中に自然と野球が入り込み、2年生の終わり頃には完璧に理解する子が出てきます。そして3年生のうちに、ほとんどの子が理解できるようになっていきます。

こうして「野球」というスポーツの本質を教えてあげると、実際にできるかどうかは別として、試合でやるべきことが分かっているので、何も教えずにただ試合をこなすのとでは成長の度合いが全然違うのです。

低学年のうちはまだ早いのではないかと感じる大人も多いと思いますが、私は頭の部分を鍛えるのは、早いに越したことはないと思っています。

知識が身につくということは、迷わず思い切ったプレーにもつながります。

たとえば試合中、守備側のときに二死二・三塁や二死満塁となった場合、他のチームの子どもたちはピンチと捉えて慌てるでしょう。

しかし、私のチームの子どもたちはまったく慌てていません。

ここからは少し野球の戦術論のような話になるので、聞き流してもらっても構わないのですが、まず基本的な考え方をおおまかに説明します。

そもそも打者がバントや進塁打などでひとつずつ塁を進めていくことをセオリーとした場合、どういう状況なら確実に得点が入るのか。無死一塁から始まり一死二塁↓二死三塁と進んでも得点は入らないわけで、そうなるといかに進塁打を打つ前に走者を進めて、無死二塁や一死三塁を作れるかがポイントになります。

つまり攻撃側からすると、無死一塁や一死二塁ならまずは走者がひとつ塁を進めなければならず、打者はそれを助けなければならない。一死一塁なら、走者はふたつ進める必要性が出てきます。走者なしの場合、打者は無死なら二塁打、一死なら三塁打、二死なら本塁打を打たなければなりません。

そうなると逆に守備側は、二死なら三塁打まで、一死なら二塁打まで、無死ならシングルヒットまでは打たれてもOKという考え方ができます。

ただし、これでもうひとつ進塁されたら確実に失点する状況になってしまうので、投手は無駄な四死球、低めのワンバウンドやけん制の悪送球などに注意し、捕手や野手は盗塁などを警戒。余計な進塁を防ごうという発想になるわけです。

さて、話を戻すと私たちにはこの考え方が浸透しているため、子どもたちは二死二・三塁や二死満塁を決してピンチだと捉えておらず、「点を取られないものだ」と思って落ち着いてプレーができるのです。

　そして結果的には打たれたとしても、「ヒットは防ぎようがないから仕方ない」と考えることができます。

　逆に、たとえば一死で三塁走者がいる状況なら、今度は「1点を取られるのは仕方ない」と考えて思い切ったプレーを選択できます。すべて「こういうときはこういうものだ」と割り切っているからこそ、「こうなったらどうしよう」という不安がなく、前向きにプレーできているのだと思います。

　どうしても、ピンチになると消極的になってしまったりミスをしてしまう子どもはいます。

　しかし、起こってしまったミスを責めるのではなく、ピンチとは思わない考え方を作ってあげることで迷わず思い切ったプレーができるようになるのです。そのための知識を、大人がぜひ教えてあげてほしいと思っています。

頭では理解できているのに上手にできない子どもには、「ストーリー」で考えてもらう

先ほど、私たちは野球の考え方に対しては〝詰め込み教育〟を行っているという話をしました。しかし、ただ教えているだけでは、知識はなかなか身につきません。

そのため、こちらから教えていくだけではなく、できるだけ子どもたちに話してもらうようにもしています。そして、普段から「自分の言葉で説明できるようになることが大事なんや」と伝えています。

よくありがちなのは、こんなケースです。

辻「攻撃時。一死一塁のとき、打者はどうするんや？」

選手「待つ。打たない」

たしかに正解です。野球をちゃんと理解している子は即答してくるので、おそらく

意思疎通も取れているのだと思います。

ただ、これだけの言葉では不十分です。

細かくいうと、一死一塁の場合は確実に点を取れる「一死三塁」にしてから攻めていきたい。ということは、まずは走者の進塁が優先事項になります。一塁から二塁、二塁から三塁へと盗塁を仕掛けるか、もしくは相手の投球がワンバウンドになるのを逃さずにスタートを切るか。それを助けるのが打者の仕事で、だから2ストライクまではバントの構えを見せたりわざと空振りをしたりして「待つ」「打たない」という答えになる。

単語をパッと言うだけでなく、こうやって理由を自分の言葉で説明できるようになってほしいのです。

これは決して野球だけに限らず、進学していき、社会に出てからも大切なことです。たとえば仕事においても、自分では分かっていることなのに頭の中で思い描いているものを上手く伝えられなかったとしたら、相手は共感してくれません。

ですから、子どもたちにはよく「野球のことをまったく知らないお母さん方にも伝わるような説明ができるようになろう」などと伝えています。

ポイントは、映像と言葉を頭の中でつなげられるかどうかです。たとえば、私たちのチームのバスが走っているシーンを思い浮かべるように促すと、子どもたちの頭の中には一瞬で映像が出てくるはずです。

では、それを4つくらいのワードで説明できるかどうか。「赤くて丸みを帯びたバスがゆっくりとしたスピードで走っていて、遠征先の○○へ行く」。そういう表現をする訓練が大事だという話をよくしています。


子どもたちにもそういう話をして習慣をつけておくと、パッと出てきた単語をつなげてストーリーを考えられるので、冒頭のケースでも「一死三塁」と言われた瞬間に試合の状況がバババッと頭に浮かんできます。

そもそもホワイトボードを使って座学をやっているのも、話のストーリーを作って説明したいから。そして子どもたちがグラウンドに立ったとき、自分がいるところからの目線で守備位置や走者の動きを考えるのではなく、グラウンド上空にドローンを飛ばして見ているように高いところから全体を見渡して「頭の中に思い浮かべたホワイトボード上で野手や走者を動かしていく」という客観的な感覚を養ってもらいたいのです。

そうやって映像がパッと出てくるからこそ、「こういうときはどうする？」という質問に対しても、子どもたちは頭の中で人の動きを考えながら答えることができます。

私の言葉を文字だけで理解しようとする丸暗記タイプの子は、その場で説明を受けたときには納得していますが、ストーリーが分かっていません。ですから、次に同じようなシチュエーションが訪れたときにもまだ理解できておらず、同じ失敗を繰り返してしまうことが多いです。

子どもたちの頭の中にいかに映像やストーリーを思い浮かべさせ、人に伝える力を育むか。これはすごく重要なことだと考えています。

「考える習慣」が自然に身につく。子どもたちが自分で考えて正解に辿り着ける声掛け

言葉を「映像で捉える」という話をしましたが、子どもたちにその感覚を伝えるのはなかなか苦労します。中にはどう頑張ってもそれができずに「文字で捉える」しかできない子もいます。

そういう子に対しては、私はヒントを出して、ほぼ答えが分かるようにその手前まで導くようにしています。

具体的に説明しましょう。

たとえばセカンドの子が一瞬ボーッとしていて、二塁けん制のベースカバーに入るのが遅れたとします。そういう子に対しては、試合に出ていないタイミングでいかにヒントを与えるかが重要になってきます。二塁けん制がありそうな場面が来たとき、

その子がベンチにいれば「ピッチャー見てみ、あるで」「ずっと見ておくんだよ」とだけ言っておきます。そうすると、最初は「何のことだろう」と思いながらもとりあえず見続けますが、やがて自分から「そうだった、走者がボーッとしているときにパッと振り向いてけん制があるんだった」と思い出せるようになります。

もともと低学年の頃から座学や実戦を通して野球の知識を教えているので、「文字で捉える」ことしかできない子も決して頭の引き出しの中に入っていないわけではありません。実際、「こういう場面ではどうする？」と訊いたときには、テストの正解を出すかのように答えられるケースもあります。

ただ、映像がパッと浮かんでこない分、プレーしているときにどの場面でそれを取り出せばいいのかが分からないだけ。だから私が助け舟を出し、取り出しやすいように引き出しの中の一番手前に持ってきて、「もしかしたらこれとこれが必要かもしれないよ」という雰囲気を作っているわけです。

このように、最後の答えまでは言わずにヒントだけを出す、ということを私はよくやっています。

特に練習中などは、こういう質問の仕方をすることも多いです。

辻「はい、一死三塁になった。ここで攻撃側は普通にやれば、絶対に点は……取れる？　取れない？」

選手「取れる！」

辻「そうや！　じゃあ守備側は絶対に点を？」

選手「取られる！」

辻「そう！　取られてしまう。じゃあ守備側は少々無理なプレーもしなきゃアカン。だって、普通にやったら絶対に点を取られるんだから。思い切って一か八かのけん制球をしてもええわけや。逆に攻撃側は絶対に点を取れるから、ここで点取れなかったら一気にピンチや。ということは攻撃と守備、どっちが強気になれる？」

選手「守備！」

辻「そうや！　じゃあ強気に守っていこう！」

ここで私が正解まですべて言ってしまうと、子どもたちは「はい」しか言わなくなります。常に〝答え待ち〟をして、考える習慣が身につかなくなってしまう。こちらはあくまでもヒントを与えるだけで、最後の正解部分は子どもたちに答えてほしいのです。

また、ある日の練習前ミーティングではこんなことも言いました。

辻「今ここでキャッチボールする子もおったし、ただ黙って座っている子もおったな。じゃあ、今って何する時間やった？」

選手「キャッチボール！」

辻「そうやな。でな、誰かがちょっと違うことやっていたときは『今何するとき？』って訊こう。『ちゃんとやりな』とか『しっかり構えろ』とか、そういう命令は絶対しないこと。『今何するとき？』って訊かれたら、自分で考えなアカンよな。誰かが勝手に遊んどったら『今何するとき？』。これを合言葉にしよう！　分かった？」

選手「はい！」

私はそうやって日々、最後は必ず自分たちが考えて正解に辿り着けるような声掛けを意識しています。

その「とにかく、声を出せ！」に指導者の意図がありますか？「考える時間」の大切さ

それともうひとつ、こと野球というスポーツは「とにかく元気、声を出せ！」と大人が発破をかけることが当たり前のように行われています。

もちろん、子どもたちが自ら声を出したり、雰囲気を良くしようと盛り上げることはとてもいいことだと思います。

しかし、野球というのは1球ずつ間が空き、攻守の切り替えではさらに長く間が空きます。そうやって考える時間が与えられているので、これを有効に使うことが大切なのではないでしょうか。

私たちは試合中、ベンチにいる子どもたちが応援歌を歌ったり、とにかく大きな声を出して盛り上げたりということはしません。それを強いることで子どもたちの思考

がいったん停止してしまうと考えているからです。

多賀少年野球クラブには、野球に限らずさまざまな少年スポーツ指導者や教育関係者が見学に来るのですが、試合の様子を見ると驚かれることがあります。子どもたちは立って声を張り上げることもあまりなく、ベンチに座りながら静かに試合を見ているからです。

でも、それでいいのです。ワーワーやって盛り上がることだけが「楽しい」というわけではありません。

子どもたちは、教えた知識をフルに使って試合を静かに観察し、やるべきことを常に考えている。決してつまらなそうにしているわけではないのです。

大人はよく、「とにかく、声を出せ！」と言ってしまいがちですが、的確に指導をしてあげなければいけません。私は元気に声を出すということよりも、野球という教材の良さを最大限に利用して、考える力をつけてもらいたいのです。

知識を実践できるようにする。身内だけの環境だけではなく、「発表会」を与えてあげる

私たちのチームが目指しているのは、子どもたちが自分で考えて動く「ノーサイン野球」。それを実現するためにまずは座学を行うわけですが、その次は身につけた野球の考え方を試合の中でもパッと実践できるようにしなければなりません。

先ほど、座学自体は正式な部員となる1年生の冬から始めると言いましたが、座学の内容をほぼ全員が理解するのはやはり3年生ぐらいになってから。ですから、そのタイミングからは練習試合や紅白戦などをたくさん行うようにしています。

そして試合中、私はとにかく細かいところまで気になった部分を伝えて、子どもたちにすべてを教えていきます。

たとえば、こんな感じです。

「一死一・三塁なのにどうしてそんな（一か八かの）一塁けん制したの？　一死一・三塁でも一死二・三塁でも取られるのは1点。じゃあ一塁走者に盗塁されたって変わらんやん。そこ気にする必要ある？」

「無死二塁になってしまったなぁ。守備は絶対に1点取られてしまうよな？　じゃあこのときは普通のプレーじゃなくて、少々無理なけん制してもええやん。どうせ取られるんやから。この場合、攻撃と守備、どっちが強気になれる？　みんなはピンチやと思っているけど、実は感覚が逆で、強気になれるのは守備やねん」

「さぁ、一死二塁になったぞ～！　これで守備は点取られへん。じゃあ攻撃は、少々無理してでも1点を取りに行かなきゃいけない。今度は逆に攻撃が強気に動けるやん。だから（盗塁を）狙い続けることが大事や」

「二死から二塁打を打たれただけだぞ～！　じゃあ『オッケー、二死だから痛くも痒くもないよ』って、そういう声掛けが必要やねん」

こういった声掛けをすることで、子どもたちの知識と実践が結びついていきます。

また考え方の部分だけでなく、ところどころでプレーの技術についてもしっかりと突き詰めていきます。

一気に成長できるのはやはり公式戦です。

私はもともと、公式戦出場については「目標とする大会以外には出ない」という方針でした。移動時間が長い上に、会場へ行ってもできるのは1～2試合。それならばグラウンドで練習試合や紅白戦をたくさん行って多くの経験を積み、そこで出た課題をすぐに練習できたほうが良いのではないかと考えていたからです。

しかし、あるときマネージャーからこう言われたことがありました。

「監督。やっぱりね、自分のチームのグラウンドだけでずっとやっていてもダメですよ。トーナメントの大会でプレッシャーとか緊張感もありながら、他のグラウンドでやるっていう経験が大事だと思います」

たしかにその通りだと思いました。そして、そう言われてからは、小規模の大会にも出るようにしたのです。

そして実際に出場してみると、親子ともどもモチベーションが高まり、さらに指導者側もより試合に本気で集中できる環境になるので、こちらが伝えている話の中身が普段よりも子どもたちにスッと入っていくのを感じました。

また、大会だと子どもたちの弱い部分が浮き彫りになり、そのチームに足りないものがより具体的に見えてくる。私のほうとしても、次の練習でやるべきテーマが見つかりやすくなったのです。

練習試合での失敗だと子どもたちの中ではあまり強く印象に残らないため、そこで出た課題を練習してもやはり目的意識がアバウトになりがち。しかし、公式戦での失敗であれば、「この前の大会で……」などと話しただけでみんなピンと来てくれます。そして、「次の大会へ向けて能力を上げよう」とそれぞれが本気で取り組むようになります。

たとえばピアノなどの習い事でも、発表会がある教室とない教室では、伸び率がやっぱり違うと思います。

もっといえば、ひとつの教室がその中の身内だけで行う発表会に出るよりも、いくつかの教室が合同で行う発表会に出るほうが、多くの発見があるはず。やはり他の人にも見てもらい、自分たちも他の人を見るということが大事だと思います。

練習よりも練習試合、練習試合よりも公式戦。毎週のように大会に出場するとそれはそれで慣れてきてしまいますが、目標とする大会をいくつか設定し、そこに意識を向けていくことで、子ども自身もチームとしてのレベルも一気に上がるんだな、と感じています。

自然と判断力が身につく導き。「極端にやりすぎる」ところから始めてもらう

「野球は判断力や」

私は子どもたちによくそう伝えています。

外から私たちのバッティング練習やノックだけを見ている人はおそらく、６年生のＡチーム、いわゆるトップチームの子とＢチームの子を比べても違いが分かりません。体格や身体能力の部分でいえば、Ｂのレギュラーが Ａのレギュラーを上回っているケースもあるからです。

ではその違いは何かというと、試合での判断力。しっかりと野球を理解し、攻撃でも守備でも周りを見て状況に応じた動きがパッとできている子がＡチームのレギュラーになっています。

判断力を身につけるためにはどうすればよいか。まずは「極端にやりすぎる」ところから始めるのが良いと思っています。

たとえば盗塁の場合、最初から「こういうときは走る、こういうときは戻る」などと考えていても、中途半端になって動けません。だから練習ではまず、スタートが早かろうが遅かろうがとにかく全部走って盗塁を狙ってもらいます。そうすることで、まず１００％走るものなんだという考え方を最初に教えていきます。

そこでアウトやセーフを何度も経験させ、「スタートがこれくらい遅いとアウトになってしまうんだな」というタイミングを実感させます。そして、「スタートして（このまま走っても）アウトになることが分かったら戻ろう」と教えていく。その感覚も分かってきたら今度はけん制球を入れ、「けん制が来たら戻ろう」と教えていきます。そうやって段階を踏んでいくと、「走る：戻る」が最初の「１００：０」からだんだん「50：50」に近づき、自分の中での基準ができて判断しやすくなるのです。

ただし、試合になるとやはり人それぞれの性格が出て、逆に「戻る」という意識が強くて消極的になってしまう子もいます。

ある日の紅白戦では二塁から三盗への盗塁をまったく狙う気配のない子がいたので、私はこう言いました。

「行動を起こして途中でやめるんやったらいいけど、最初から何もしないっていうのは違うよ。全部狙って、アウトのタイミングやから止まるっていうことをやらなきゃアカンよ。三盗って、普通は10回走っても9回は行けへんねん。盗塁の上手い選手は全部狙ってるけど途中でアカンってなってやめてるねん。そして、そのうちの1回が成功してるだけなんやで。だから2〜3回だけ狙って一か八かで行こうとするんじゃなくて、まずは全部狙ってみたらいいんじゃない？」

そうやって、また１００％「走る」のほうに意識を向けさせたりもしています。

なお、私の中で判断力が高いなと感じる子は理解力も高く、やはり「言葉を映像で捉えてストーリーを描く」ということができていると思います。

私が「こういうケースでは……」と話したら、一瞬で座学のホワイトボードの図のようにグラウンドの全体像と人の動きを思い浮かべ、「はいはい、こういうことね」

と自分なりに納得できている。そして、事前に頭の中でシミュレーションができているからこそ、試合で同じような場面が訪れたとき、本人は初めて経験することだったとしても成功していくのです。

また、私がたとえば「ボールを捕るときにグラブの使い方はな……」と説明をしていると、話を聞きながら自然と手やグラブを動かして私の感覚をマネしようとしている子がたまにいます。そういう子も頭の中でパッと想像できているのだと思います。

「風邪をひくから、何か着なさい」
つい先回りして子どもの考える機会を奪っていませんか？

第４章

自立してもらう

「生きる力」をつけるための、「関わる」「見守る」「任せる」

自立のためには、まずは大人と子どもが「関わる」ことから始めよう

子どもの育成において、私が最終目標にしていることは、将来社会に出たときのために〝生きる力〟をつけてもらうことです。

言い換えれば「自立」でもありますが、自立しなくても生きていける環境にいるうちはなかなかできないもの。早いうちに一人暮らしをしたり、またアルバイトや就職などでお金を稼いだりしなければ難しい部分もあります。

だからこそ重要なのが、私たちスポーツ少年団のような存在。子どもたちが親に頼りすぎない、甘えすぎないような環境を作ってあげて、無意識のうちに自立の方向へと導いていくことが大切です。

それにはやはり、大人と子どもの距離感がポイントになってきます。イメージとし

ては「関わる」↓「見守る」↓「任せる」の順番。大まかな年代でいうと、幼児や小学校1～2年生くらいまでは積極的に「関わる」。そして3～4年生で1歩引いて「見守る」、5～6年生で少し離れて「任せる」という感覚です。

もちろん、最終的には本人たちに任せていくのですが、何もない状態からいきなり任せるというのはただの放任。これでは、子どもたちが何をすればいいのかも分かりません。だから、最初は親も指導者もしっかり「関わる」ということが大切だと思います。

野球においてはいわゆる幼児教室とその延長にあたるので、私はやはり〝声掛け〟や〝導き〟を重視して「褒めて伸ばす」という方法を取ります。

この段階では、子どもたちの練習は保護者に同伴してもらいます。グラウンドにも積極的に入ってもらい、動画や写真なども自由に撮影してOK。家に帰って子どもと一緒にそれを見れば、家族団らんにもなるし、練習の復習にもなります。

子育ての部分でいうと、私自身は職場のかつての上司から子どもとの関わり方を学びました。

その人は、子どもが幼稚園（あるいは保育園）の時代からずっと関わり続け、学校行事などにもすべて参加。仕事以上に家庭を優先して「大事なときは常にお父さんが来てくれる」という環境を作っていたそうです。

私もその人のマネをして、自分の息子二人の子育てにはずっと関わり続けました。仕事で私の代わりはいるけれども、子どもたちにとっての父親は自分しかいない。だからこそ、使える時間は全部注ぎ込もうと思いました。

関わるということは、子どもが何かをするとき、近くにいて常に全力でサポートしてあげられる態勢でいるということです。別に、常に一緒に行動してベタベタとくっついてあげるというわけではありません。

私はよく一緒に出掛けたりもしましたが、普段は「外がまだ明るいうちはもったいないから遊んできな」と言って子ども二人を外に出し、帰ってきたら宿題を一緒にやっていました。

たとえば音読をするときはストップウォッチを用意し、「何秒で読み上げられるか二人で競争や」とゲーム要素を取り入れてみたり。もしかしたら、学校側が求めている音読にはならないかもしれませんが、速く読めれば次にゆっくり読んだときは内容がしっかり頭に入りますし、何よりも楽しみながらできるので音読に興味も湧いてくるかもしれないと思い、できる限り付き合いました。

あるいは、学校のテストが返ってきたら、間違った箇所を見直しながら「120点取るくらいのつもりで仮想ゴールを設定して、これでもかっていうくらい見直しをしたら確実に100点が取れるんちゃうか」とアドバイスをしたり。

今思えば、こうした工夫が野球の練習の進め方につながっている部分もあります。

スポーツでも、子育てでも、関わる上で最も大事だと思っていることがあります。それは、大人が面倒臭がって、自分の都合で子育てをしないようにすることです。

私の息子二人は小学生のときに多賀少年野球クラブでプレーしましたが、たとえば自主練習をするときには必ず私も付き合うようにしました。

お父さん方によくありがちなのは、自分が仕事などで疲れているときは「今日はできないわ」と断り、逆に体調が良いときは「おい、一緒に練習しようか」と子どもの意思を無視して促すケース。これでは子どもの気持ちに100％寄り添うことはできません。

一番良くないのは「素振り１００本しときな」などと指示を出し、自分だけ家にいるケースです。

私も一度、試しにやってみたらどうなるか検証しようと、息子に指示を出してから後でこっそり見に行ったことがありました。真面目な長男はしっかりバットを振っていましたが、ややわんぱくな次男はパターゴルフのようなスイングで本数を数えていました。

誰も見ていないところで努力するのは、子どものうちはなかなか難しいのです。本気で取り組ませるためには、大人から見られているという環境をできる限り作ってあげてください。

宿題にしても、練習にしても試合にしても、やはり大人が近くにいて「関わる」ということが大事だと思います。

「関わる」から「見守る」へ。子どもが自ら考え始める適切な大人との「距離感」

子どもたちに関わっていきながら野球の技術や考え方の基礎などを教えて、ある程度の土台ができてきたら、今度は1歩引いて「見守る」ということが大切になってきます。ただし、完全に遠くへ離れるというわけではありません。それでは、ただの放任になってしまいます。

「関わる」と同じく、やはり大人が近くで見ているということが必須です。

では、「見守る」との違いは何か。それは子どもとの距離感です。

練習や試合を自由にやらせてはいるけれども、何か間違っていたとき、あるいはサポートが欲しいときなどには大人がパッと助けられるぐらいの距離にいる。そういう環境だけ作っておけば、子どものほうも迷うことなく、安心して目の前のことに取り組むことができます。

管理しているような雰囲気だけど何も言わない。だけど、しっかりと見られている。そういう大人がそばにいるから、子どもが伸びていくわけです。

私は試合のとき、ベンチの外にいることもあります。

ベンチに入ってしまうと、いくら黙っていても子どもたちは私の言葉に聞き耳を立てようとするので、自分たちで考えることができません。

だから見守るときというのは、ベンチから少し離れた位置、たとえばバックネット裏などにいる。そうすれば、私に見てもらっていることは感じながらも、その存在を意識せずにプレーできます。

そして、見守りながら子どもたちを導くためには、大人が我慢することが必要です。

私はよく〝導き〟という言葉を使いますが、これは大人が積極的に行動して子どもが動き出すように促すことではなく、いかに大人が行動せずに我慢し、子どもが自ら動き出すのを待てるかという意味があります。

練習試合でいえば、まず1試合目を子どもたちに任せ、私は言いたいことをすべて我慢する。終わったらミーティングで気になった箇所を伝えて、また2試合目を彼らに考えさせて、私はジッと我慢。そして、試合後にまた指摘。

「見守る」ということは、我慢する、伝える、我慢する、伝える……という繰り返しなのです。

最近の練習試合で、その成果を大きく感じられた出来事がありました。

その日はファーストの子が一塁ベースに足をつけておくことにこだわるあまり、送球を正確に捕れなかったり、また中途半端にどちらもやろうとしてベースから足が離れてセーフにしてしまったりと、ミスが続いていました。私はそれまでに何度か「先にボールを捕ってから落ち着いてベースを踏めばいい」と伝えていたのですが、なかなか直る気配がありません。

ただ、その日の試合は見守ることを決めていたので、私はあえて何も言わずにただジッと待っていました。そして「本人に気づいてほしいけど難しいだろうから、誰かが気づいて教えてくれたらいいのにな」と思っていたところ、セカンドの子がファーストへ声をかけたのです。

「ベースにこだわらなくていいよ。捕ってから踏めばいいから」

そのひと言でもう十分。私はもう何も言う必要はありませんでした。

ここで大人がしびれを切らして指摘した場合、少なからず口調が厳しくなるので、子どもたちには余計なストレスを与えてしまいます。しかし、子ども同士であれば大人の言葉もより伝わりやすく、純粋なアドバイスになる。しかも自分たちで察知して指摘し合えれば、大人から言われるよりも確実に身につきます。

最近では、子どもたちが指導者の存在を意識せず、自分たちだけで雰囲気を作り、ようやく本当の意味で「自分たちで考える」ということができるようになってきたなと感じています。

また、私は子どもたちに「自分の機嫌は自分で取りなさい」と伝えています。

今までの「楽しい野球」がだんだん「ただストレスがないだけの野球」になってしまい、苦しい場面を自分で乗り越えるという経験が少なくなっていたからです。詳しくは第7章を読んでいただきたいのですが、「令和の根性野球」を打ち出したのもその想いからで、ストレスがない環境ばかりを整えるのではなく、自分で作ったストレスを自分で解消していくことが大切ではないかと至りました。

先ほどの試合では、守備でいくつもミスが出ましたが、ベンチに帰ってくるとみんなで「よし、逆転するぞ！」と言って盛り上がっていました。そして、エラーをした本人も「よっしゃ、取り返すぞ！」と言って打席へ。

結果は凡退でしたが、自分で作ったストレスを乗り越えようとしていたわけで、それで良いと思うのです。

こういうとき、たとえば大人が「なんであれ捕れへんねん」と言ったら、自分だけのストレスだったはずが大人からのストレスも加わり、なかなか乗り越えられません。

だからといって、大人が気を利かせて「ドンマイ、次取り返したらええから」とフォローする必要もないでしょう。ミスをしたのは本人が一番良く分かっていることで、そこから自分で乗り越えて解決すればいいのです。

そうやって考えておくと、大人も変に口を挟まずにジッと我慢できると思います。

大人が「任せる」という意識を。子どもたちには一人でできる力があります

ここまで、「関わる」「見守る」というステップをお話ししてきました。少し振り返ると、「関わる」とは、子どもが何かをするとき、近くにいて常に全力でサポートしてあげられる態勢でいるということ。「見守る」とは、自由にやらせてはいるけれども、何か間違っていたり、サポートが欲しいときなどに大人がすぐ助けてあげられるぐらいの距離にいるということでした。

そして子どもたちを自立させるためには、大人が近くにいて「見守る」というところから、できることはすべて本人たちに「任せる」というスタンスに持っていくことが大切。そのためには、親の意識が絶対に欠かせません。

私たちのチームの5年生は毎年1月の3連休に東京への強化遠征を行っています。

これは2泊3日になるため保護者も付き添うのですが、今年はこんなことがありました。

その日は交流大会に出ていてA・Bチームともに1日4試合。私はAチームの指揮を執り、1試合目が終わった直後のミーティングで「次の試合の相手はメチャメチャ強いけど、みんなに任せるからな。保護者のみなさん、子どもらは全部自分でやるのでジッと待ってあげてください」と話しました。

しかしその直後、保護者の一人が「(寒いから) 何か着なさい」と子どもたちに促したのです。私はつい「いや、それがアカンって言うてるんですよ」と言ってしまいました。

子どものことを想う気持ちはすごくよく分かります。私は別に、寒いからといって上着を着るなと言いたいわけではありません。ただ、寒いのであれば、子どもが自分で判断して上着を着ればいい、それが「任せる」ということだと、伝えたかったのです。

特に私たちのチームの場合、幼児や低学年では「過保護くらいでちょうど良い」というスタンスから野球をスタートしているので、子離れが遅くなるという面もあります。さらに近年は働き方改革などの時代背景もあって、仕事に少しゆとりができた分、子どもと一緒に過ごす時間を大切にする親が増えたという傾向もあるでしょう。

ただ、親がいつもお膳立てをしていると、子どもはその環境に甘えてしまいます。本来なら一人でできることもやらなくなり、自分で考えることをやめてしまう。保護者同伴禁止の遠征でも、宿泊を伴う行事でも、子どもたちはしっかりと自立して過ごしています。しかし、親がついてくる遠征となった途端、急にまた大人に依存するようになるのです。

そもそも小学校5~6年生というのは学校行事で林間学校や修学旅行などがあり、親がいなくても自分たちでご飯を作ったり宿泊したりできる年代です。

またチームの過去を振り返ると、親がただグラウンドに送迎してポーンと放り込むだけだった時代もありましたが、子どもたちは喉が渇けば自分で勝手に水道水を飲み、寒ければ自分で用意した上着を着ていました。つまり甘えすぎないような環境を作れば、自分のことは自分でできるということです。

私はその日の最後に保護者を集めて、こんなエピソードを話しました。

私が昔、スキー講師としてスキー学校に行ったときのこと。当時小学校3年生と2年生の息子二人も連れて行ったのですが、宿泊部屋は私と別で、スキーを教えてもらうのも私とは別の先生。特に小さい次男のほうが不安だったため、私は朝に様子を見に行きました。するとそこに荷物はなく、帽子とゴーグルも消えており、勝手に自分で着替えて準備を整え、先生と一緒にすでにもうスキー場に出ていたのです。

2年生の子が一人でできるわけで、そういう状況に置かれれば子どもは自然と順応していくもの。だからこそ、親がすぐに先回りして手を貸してしまうのではなく、子どもが本当に助けを求めたときにだけ出て行けるようにジッと待ってあげてください、と。

野球というのは道具や荷物など準備するものが多く、完全に子どもたちだけでやるというのは難しいスポーツです。ただ、荷物の準備からスタートして、家を出てグラウンドへ行ってから帰宅し、汚れたユニフォームの手洗いをして洗濯カゴに入れる。小学校5〜6年生ぐらいになれば、そこまでは十分にやれると思っています。

さらにそのぐらいの年代では、野球においては自分たちで戦略を立て、自分たちで考えながらノーサインで動くことができている。そこは私たちが自信を持っている部分です。

そして肝心なのは、社会に出るための自立ができるかどうか。

私は子どもたちを、野球だけできる人間にはさせたくないと思っています。

だからこそ、親にはグッと我慢して子どもに任せてあげてほしい。

親は「近くにいるのに手を出せない」というストレスを感じると思いますが、自分の子どもと一緒に関わるという楽しさではなく、今度は成長した姿を見て、我が子の頼もしさを感じることを楽しんでもらいたいと思っています。

ライオンは愛情を持って自分の子どもをあえて千尋の谷に厳しく突き落とすと言いますが、子育ての本質はそこかもしれません。

「可愛い子には旅をさせよ」

子どもが何かを始めるときは「褒めて伸ばす」。そこから「任せて伸ばす」へとシフトすることができれば、たくましく育てられるのではないかと思います。

子どもたちの様子を観察しながら「教えて育てる」から「黙って育てる」に変えていく

この「関わる」から「見守る」、そして「任せる」に切り替えるタイミングについてですが、私は子どもたちの様子を観察しながら決めることが大切だと思っています。

昨年11月のこと。その日は午前中に6年生チームの大会がありました。試合中、投手はけん制球をなかなか挟まず、内野手も外野手も自分から守備位置を動かす様子が見られませんでした。

また、ベンチにいる子どもたちもただ惰性で声を出しているだけで、具体的な指示は何もなし。そんな状況を見て序盤は私がひとつずつ指摘していたのですが、中盤に守備を終えてベンチ内で集合したとき、思い切ってこう伝えました。

「バッテリーの配球はいい感じに育っているけど、守備位置とかけん制球とかは何も育ってない。俺が全部指摘しているから、何をするのかが全部指示待ちになってる。最初は言ってあげるけど、そこからは自分で考えてやらなアカンねん。多分な、みんなは自分でできるはずやけど、いつも親が何でもやってくれるのと一緒で、俺の声を聞いて、全部やってくれると思って甘えてんねん。俺はここからもう一切指示出さないから、自分たちで動いてな」

本来、大会の試合中にいきなり方針を変えることはしません。ただ、ここが子どもたちの意識を「任せる」に変える大きなチャンスだと思いました。

そして次の攻撃中、私はベンチにいる子どもたちにもヒントを出しました。

「この場面で、もし俺やったら何て言うと思う？」

そうやってジッと黙っていると、彼らから少しずつ、具体的な指示の声が出始めたのです。

「高めはアカンで！」

「逆方向、フルスイングや！」

「オッケー！　2ボールやからストライクどんどん振って行けよ！」

「低め（のワンバウンド）多いで！　そこ手出すなよ！」

そして、プレーをしている子たちも自分たちで考えて動くようになり、きっちり勝利。私は試合後のミーティングでこう伝えました。

「みんなは今まで人に頼りすぎていたんや。親に頼りすぎている、指導者に頼りすぎている。でも俺が1歩引いた瞬間、自分らで指示が上手いこと出せた。やったらできるんや。俺が声出してしまうから、親が手を貸してしまうから、そのまま勝手に動かないようになる。ええか、みんなはもうできるから。荷物を運ぶのも、試合の準備をするのも、グラウンド整備をするのも、道具を片付けるのも全部自分でやる。完璧な人間はおらへんから、とにかく思い切ってやっていこう」

野球においても日常生活においても、こういう姿勢の部分はつながってくるのだと思います。

試合が終わり、午後には自分たちのグラウンドで5年生のAチームと5年生のBチームが練習試合を1試合ずつ、さらに5年生のCチーム対４年生が紅白戦２試合を予定していました。

ここでまず私は午前中にあった6年生の話を持ち出し、「大人から指示されないで、自分で考えて周りに指示をしている選手が素晴らしいんや。全員が指示できるような人間になろう」と伝えました。

さらに、練習試合と紅白戦ではこんな試みをしました。

5年生Aと5年生Bは野球の土台をある程度作れている選手たちなので、私はバックネット裏で黙って見守るだけ。試合はすべて彼らに任せ、指示も自分たちで出すようにします。そして1イニングが終わるごとに全員を集め、守備や攻撃で出た課題をまとめて指摘する。「こっちが言うことが何もなくなったらお前らの勝ちやで」と伝え、考えることを引き出すようにしました。

逆に5年生C対4年生は野球歴が浅い子も多く、まだ試合運びを覚えていかなければならない段階。だから私がベンチに入り、その場その場で必要なことをすぐ教えていきました。

前者は「黙って育てる」。後者は「教えて育てる」。「静」と「動」の指導を子どもたちのレベルに合わせて使い分けたのです。

試合前には、４〜５年生の保護者にもしっかりと方針を説明しました。

「指導者が教え込むのも大事ですけど、やっぱり最後は子どもたちに自分でやらせていくことが大事。僕らはそこに向けて急に教えたり急に黙ったりするので、みなさんも協力してください。で、自分たちで考えてやってもらうには、手助けをしている環境も変えなアカン。常日頃から親に頼っている子にはなかなか難しいので、大人が子どもから少し離れて、自分のことは自分でやらせましょう。あまり口を挟まず、僕らが待つことによって本人たちが動き出す。そういうチームにしていきましょう」

どの段階で「動」から「静」に移っていくのか、そのさじ加減も肝心。これは理解力や判断力、野球歴なども関わってくるので、あくまでも子どもたちの状況を見ながらになります。

ただ今後の理想としては、できれば３年生までには「動」で土台となるものを徹底して伝えておいて、４年生の終わりまでに少しずつ「静」に移行。教え込んだり黙り込んだり、また教え込んだり黙り込んだり……。そして、５年生の新チームが始まったときには「静」でしっかりと任せられるようにしておく。そんな感覚です。

「危ないからやめなさい！」
知らないうちに子どもの好奇心を否定していませんか？

第５章

好奇心を持ち続けてもらう

コントロールではなく「導く」ことが、大人の役割である

子どもたちを「導く」ということと、思い通りに「コントロールする」ということでは意味合いがまったく違います

人間というのは「理性」を持っている生き物ですが、生まれたばかりの頃はまだ「野性」。他の動物と同じように本能のままに動いており、好奇心だけで生きているといえます。

そして私が指導している子どもたちは、ちょうど野性と理性の中間にいる幼児や小学生です。野性のまま大人になったら大変なことになってしまうので、少しずつ理性を身につけてもらうことが大切だと思っています。

ただし、好奇心がなくなって理性のみで動く人間というのも、まったく面白味がありません。ですから、やはり野性の部分も残してあげたい。

感覚としては「野性を理性に入れ替える」というよりも、「野性の上から理性をか

ぶせて包み込んであげる」というイメージでしょうか。外側は理性だけど、内側には野性を秘めている。そんな子どもを育てていきたいのです。

私は、子どもの好奇心にできるだけフタをしないことを心掛けています。

たとえば幼児教室のバッティング練習でバットを持たせたら、子どもたちはどうしても振りたくなるもの。しかし、周りを確認せずに振るのは危険なので、大人は反射的に「そこで振らないで」「今は持たないよ」と言ってしまいがちです。しかし、これは同時に子どもの好奇心を否定することにもつながります。

私の場合、そんなときよくやるのは子どもの人数分だけ空バケツを逆さに並べて、「はい、これがみんなのイスな。終わったらここに座るんやで」と言って順番を待ってもらいます。さらに「みんなで声を出して（打っている人の）球数を数えよう」と。そうすると、自分の番が終わったらイスに座ること、数を数えることなどが目的となり、全員がバットを持ったまま順番を待つ状況を作ることができます。

あるいはフライの捕球練習をしていて、ボールを追っている子と元の場所に戻ってきた子がたまたまぶつかってしまうことがあります。

そんなとき、私は少し離れたところに長イスをセッティングし、「ボールを捕ったらあのベンチの上を歩いて渡ってからこっちに戻ってくるんやで」と。そんなちょっとしたアトラクション要素も入れることによって、子どもたちは自然と迂回するようになり、衝突を避けられます。

つまり、「危ないから避けなさい」などと直接指示を出して行動を制限してしまうのではなく、子どもたちが気づかないうちに自然と危険が回避できているような環境を作るわけです。

そもそもケガに関しては、私は少々の程度であれば、むしろ子どもの頃に経験したほうが良いと思っています。

もちろん、命に関わるようなケガは、大人が防ぐべきです。しかし、子どもがケガをしないようにと大人がすべて先回りしてしまうと、逆に子どもは自分で危険を察知することができなくなるのです。

少しリスクのあるところで育ち、痛い目に遭ったという経験をすることで、子どもたち自身が「これをやったらこうなってしまうんだな」と学んでいきます。

話を戻しましょう。

大事なのはいかに子どもの好奇心を失くさないまま、野球に興味を持たせていくか。そのための手段として重視しているのが「導く」ことです。

たとえば練習中、列に並ばない子どもがいたとします。そこでどうしても並んでほしい場合、私はライン引きで白い線を縦に2本引いてこう言います。

「ええか、ここは橋やからな。この下は地獄や。火がガーッと出ている。この橋の下に落ちたら燃えてまうぞ！」

そう言うと、子どもたちはワイワイ言いながらずっと並び続けるようになります。彼らはあくまでも自分から並んでいるのであって、私に並ばされているというわけではありません。

子どもたちを「導く」のと、思い通りに「コントロールする」のとでは意味合いが違います。

大人の都合に合わせて子どもを動かすのではなく、子どもの都合に合わせて大人が対応すること。大人の場合はどうしても理性が先に働いてしまうものですが、子どもたちの好奇心を見ながら「そうやな。子どもならやっぱりそんなことやりたいに決まっているよな」という感覚で見ていくと、指導も子育てもすごく楽しくなると思います。

なお、私は野球の部分でも「最終的には〝野性人〟のほうが強いんや」と子どもたちに伝えています。

たとえば本能的に「あの打者を抑えてやる」「あの投手を打ってやる」というエネルギーが溢れている子。あるいは打席内でバーンと向かってくる速い球を見た瞬間に「これではアカン」と察して、まったく違う打ち方に変えてみたりする子。そんな直感的なヒラメキなどは、頭でいくら考えても出てきません。

考えることはもちろん大事なのですが、それとは別に野性の感覚を持っている子にはやはり、何か大きな魅力を感じます。

子どもたちの集中力を引き出す「滑り台の法則」

子どもたちを指導する上で意識している法則がひとつあります。

それが先ほども述べた「滑り台の法則」です。

たとえば、「体力をつける」ことを目的としたとき、ただひたすら階段を駆け上がるだけであれば、子どもたちは自分から進んでやろうとはしません。しかし、その階段を上った先に滑り台を滑るという「楽しさ」があれば、子どもたちはやる気が出てまた駆け上がろうとします。

つまり、公園に滑り台があることで自然と子どもたちの脚力が伸びていく。好奇心を持ったまま楽しんでいたら自然と力がついていた、という考え方を野球の練習にも当てはめているのです。

ですから、手を変え品を変え、同じ練習メニューでもさまざまなアレンジをしていきます。

たとえば単純なフライ捕球の練習でも、子どもたちの集中力が少し途切れてきたなと思ったら「よし、じゃあこれを一人5球連続でやって、何回捕れるかみんなで数えてみよう！」。あるいは「よーし、じゃあ全員参加。フライを捕った人から終わりや～」。そうすると捕れる子、捕れない子にかかわらずみんな集まってボールに群がっていきます。

「怖がらない」「避けてはダメ」「ちゃんと捕らないとダメだ」と言うとボールが怖くなるのですが、自分から「捕りたい」と思うようになると、本人が気づかないうちに怖さがなくなっているのです。

さらに強弱をつけた声掛けや、間を空けずスピーディーに行うリズムも重要。「はい、行こう！　はい、次！」とポンポン進めることで、失敗したことを感じさせないようにします。

ストップウォッチやスピードガンなどは魔法のアイテムです。秒数を測ったり球速を測ったりと、数字が出るものに対してはテンションが上がってすごく喜んでくれます。

そうやって日々飽きさせないように工夫していくと、子どもたちはだんだん練習にも慣れてきて、小まめに休憩を挟まなくても集中して取り組んでくれるようになります。

よく「ウチの子は集中力がないんです」と悩んでいる親や指導者の方がいますが、それは子どものせいではありません。その子は子どもらしく過ごしているだけなので、大人が「こちらの指導法が悪いんだな」と捉え、言葉の掛け方や導き方を変えていくことが必要です。

そもそも、子どもはすべてのことに対して集中力を持っていると思っています。

幼児教室の場合、たとえば地面にしゃがみ込んで、そこにいるバッタに目がいってしまう子もいたりしますが、これは集中力がなくて気が散っているのではなく、バッタに対して集中しているのだと捉えています。

空を見上げてボーッと雲を見ている子もいますが、それは雲のほうに集中しているだけ。空に浮かんでいる形を見て「ゾウさんみたい」とか「龍みたいや」などと言っているので、逆にその発想力はすごいなと思っています。

子どもはとにかく目の前のいろいろなものに興味を示し、何にでも集中していきます。そこで「(野球に)集中しなさい」と注意して無理やり練習に戻していくのではなく、バッタや雲よりも魅力を感じさせるような練習をして、自然とこちらへ目が向くようにしていくことが大事です。

また、どうしても練習に興味を持てない子がいる場合は、周りに溢れている自然を利用することもあります。

私たちが活動する滝の宮スポーツ公園は森に隣接しているので、たとえば「探検に行くぞ〜!」と言ってその中に入っていく。そして森で遊ばせながら、「じゃあ、あの木にボールを投げて当てよう!」などと言うと、夢中になってボールを投げていく。そうやって、ボールを投げることの楽しさを自然と覚えていくわけです。

こちらが提供している練習に、好奇心が湧き出すようなワクワク感があるかどうか。子どもたちに「捕ったり投げたり打ったりするのが楽しい」「野球が上手くなって嬉しい」といった感情を与え、滑り台を滑っていくときのような気持ち良さを感じさせることができているかどうか。そこは常に考えるようにしています。

ちなみに「楽しい練習」というのはゴールではなく、あくまでも自然と頑張るようになるための手法のひとつです。子どもたちが最初から高いモチベーションを持ち、自ら考えて取り組もうとしているのであれば、わざわざ「楽しませる」という工夫をしなくてもいい。目的は子どもたちに階段を上らせて、育成につなげることです。

決められたルールや指標に対して「なぜ？」「何が目的？」と考えさせる習慣をつけていく

昔、全国大会に出て東京に遠征をしたときの話です。私たちはみんなで都内に宿泊し、翌朝に散歩をしました。しばらく歩いていると公園があり、看板には「ボール遊び禁止」の文字。私はそこで立ち止まり、子どもたちにこう訊ねました。

辻「この看板の意味って、どういうことやと思う？」

選手「ここではボールを使えないから野球はできないっていうことです」

辻「じゃあ、何でボール遊びが禁止だと思う？」

選手「ボールが周りの人に当たってケガをするかもしれないし、民家のほうに入ってガラスが割れたりすることもあるから禁止だと思います」

辻「それなら、そうやってもっと細かく書いたほうがいいんじゃないの？　たとえば『近くの民家に物が飛び込むような遊びは禁止です』とか、『他の人に当たってケガさせるようなボール遊びは禁止です』とか。それを全部まとめてしまって『ボール遊び禁止』って書いて、みんなそのままボール遊びをやめようとしているけど、じゃあ（危険性がない）ビーチボールだったらどうや？　シャボン玉もボールだから禁止か？　もっとやれることはいっぱいあるのに、たったそのふたつのことが原因で全部ボール遊び禁止って、おかしいと思わないか？」

そして、私は続けました。

「みんなが将来、もし行政の役人になったとしたらな。そのときは『ここではボール遊び自体は禁止ではないよ』と。『でも、遊んだときに人をケガさせたり物を破損させたりするような行動は禁止』と。そういうお知らせの看板を揚げるんやで」

私は日々、こういう問いかけをよくするようにしています。

もちろん、ルールを守ることもとても大切だというのは十分理解しています。ただし、何も考えずに「そういう決まりだから」という理由で全部受け入れていたら、普段から思考は止まり、ほんのちょっと考えれば対応できるはずのことまでできなくなってしまう。それは子どもたちの好奇心や経験の幅を狭めることでもあり、すごくもったいないと思うのです。

子どもたちには物事に対して「なぜなんだろう？」と考える習慣をつけてほしい。

また、親御さんたちにはそういう考え方ができるような環境を作ってほしい。私はそう思っています。

そして、「どうしてこういうルールがあるんだろう」「何が目的なんだろう」という発想を持っていれば、日常生活でも臨機応変に物事を考えられるようになっていきます。

誤解を恐れずにいうと、たとえば交通ルールの解釈なども考え方ひとつです。

私は以前、こんな場面に出くわしました。現場は見通しの良い交差点。横断歩道が赤信号になっていて、中学生くらいの子どもたちが10人ほど待機していました。

しかし、ジッと様子を見ていると、左右からまったく車が来ないことを確認した三人がバーッと横断歩道を渡っていったのです。その姿を見てすぐに「この三人、（発想が）俺みたいやなぁ」と思いました。

決して信号無視を推奨しているわけではありません。ただ、そもそも信号機というのは何のためにあるものなのか。全員が自分の思い通りに進んでいたらぶつかってしまって危険なので、一方が通るときはもう一方が渡らないで済むように優先順位をつけなければならない。その判断基準として道路に設置されているのが信号機です。

つまり、「事故を起こしにくくする」ということが最大の目的であって、周りをしっかりと確認して周囲に迷惑をかけることなく、さらに「絶対に事故が起こらない」と判断して渡ったのであれば、たとえ赤信号でも危険だとは限らないわけです。

逆に普段から信号機の指示に頼り切って「赤は危険だから止まる」「青は危険じゃないから進む」という発想だけで捉えている人は、青信号で道を渡ったときに周りをしっかり確認せず、事故に巻き込まれてしまうタイプだと思っています。

ルールを作ること自体が悪いとは思いません。

しかし、大人たちが規則に縛られる環境ばかり作っていると、子どもたちは「ルールに則ることが絶対的に正しいことなんだ」と信じ込んでしまいます。

自分でしっかり考えられる子を育てていくのであればやはり、普段から「どうしてこういうルールがあるのか」「何が目的なのか」と考える習慣をつけていくことが重要。

だからこそ、私はいつも子どもたちに「何でだと思う？」と問いかけ、必ず「なぜなら……」「そもそも……」といった説明をするようにしているのです。

第６章

成長してもらう

「もっとしっかり練習しろ！」
アバウトな助言で子どもたちを迷わせていませんか？

ただ一生懸命よりも、「これやってみたら？」のほうが成長につながる

子どもの「素直さ」は親の一言によって大きく育まれる

子どもというのは一番近くにいる人、特に親から大きな影響を受けます。

たとえば、親が子どもに対して「みんなと仲良くするんだよ」と言いながら、職場や家庭で「あの人のこういうところが嫌い」と悪口ばかり言っていたらどうでしょうか。

子どもにとって、親の言動は最も身近な教材です。人の悪口を言う親のもとで育った子どもは、親に対して文句を言うような子どもに育つ可能性も高く、その言動は次に仲間にも向いていきます。

「素直な子になってほしい」「思いやりのある子になってほしい」。親として、自分の子どもにこうなってほしいという姿は、親であれば誰しも持っているものだと思います。

もし、こういう子育てをしたいというビジョンがあるのであれば、まずは親が自分の振る舞いを見直さなければなりません。上辺だけ取り繕っても何かあったときにすぐに元に戻ってしまうので、本当にそういう人間に生まれ変わって生活することが大切だと思います。

「どんな子どもが伸びますか？」

これは、講演会などでも他のチームの指導者と話していても、本当によく聞かれる質問です。

もちろん、答えはひとつではありません。本書で書いているように、いろんな場面において「任せる」ことで、子どもはグンと成長していきます。

ただひとつ、間違いなくいえることは、やっぱり「素直な子」は伸びます。伸びやすいです。

特に小学生の頃は、その子が持っている基礎体力などはあまり関係ありません。

練習中、何かヒントを伝えたとします。

少し時間を置いてから見て「おぉ、この子は変えようとしているな」「さっきとは全然違うことやっているな」と、はたから見てチャレンジしているのが分かる。そういう子は確実に伸びます。

指導者が上手く導いてくれているのに、何も考えずにただ同じことをガムシャラにやっている子はなかなか難しいと思います。

本人も一生懸命やっていて、正しく努力できているように思えますが、誤った努力になってしまっていることも多々あるでしょう。

そして、保護者の方や周囲の大人に意識してもらいたいのは、「素直さ」は親子の関係の中でできあがるものかもしれないということです。

たとえば私（指導者）が、親子の前でアドバイスをしたとします。

そんなとき、親が子どもに「自分のやり方があるのも分かるけど、コーチの言っていることを一回試してみたら？」と問いかけるのか、それとも「いや、自分がそうやりたいと思っているなら、別に変えないでいいよ。自分のやり方でやりな」と言ってしまうのか。

「素直にいろんな話を聞いていろんなことを試してみたらいいんだよ」と言われながら育てられた子どもは、きっと、いろいろなことにチャレンジできる人になるでしょう。


私たちのチームでそういうケースはないのですが、他チームの関係者からは「親が野球経験者で指導者の言うことを聞いてくれない」という相談を受けることがよくあります。

しかし、「これだけやってればいいんだ」と親に自分で考えることをストップされたとしたら、子どもはなかなかチャレンジできません。

私たちのチームの場合、実はそもそも保護者の中に野球経験者は半分もおらず、また「野球が好きで子どもと一緒にやりたい」というよりは「子育てのために何かスポーツをやらせたい」と考えて入ってくるケースが多いです。

私はよく「親集合！」と言って、ときにしっかり意見をぶつけることもあります。

しかし、話を素直に聞いてくれますし、すごく勉強熱心。そういう親だからこそ、多賀のファンになってくれている部分もあると思います。ある程度の時間が経って信頼関係ができると、それぞれの家庭でも子どもたちに「とりあえず監督が言っているこ とやってみれば？」と伝えたりしてくれるので、とても助かっています。

子どもにとって素直さがいかに大事か。

子どもがどうやったら、素直に全力で目の前のことにチャレンジしてくれるか。

そして、その素直さは近くの大人が作るものだということを、大人の私たちが忘れてはいけません。

グラウンドでは日々、そんなことを子どもたちや保護者に伝えています。

子どものうちに知ってほしい、正しい「一生懸命」の意味。スポーツが上達する「3つの力」

練習前に子どもたちを集めたとき、私はよくこんな話をしています。

「野球には、大事な３つの力があります。まずは〝聞く力〟。これから何を練習するのか。何が目的なのか。人の話に耳を傾けてしっかり聞いてやるのと、何も聞かんとやるのとでは全然違うからな」

「次に〝見る力〟。他の人がやっているのを見て、上手い人のマネをする。自分の番が回ってくるのをただジーッと待っているだけでは上手くならへん。上手い人を見て『何で上手いのかな』と観察することが大事なんや」

「最後は〝試す力〟。そうやって感じたものを、自分で考えていろいろやってみる。ひとつやってダメでも『じゃあ今度はこうしてみよう』っていろんなことにチャレンジしていったら、『あっ、これだ！』っていうものが見つかって一気に上手くなるんや」

聞く力、見る力、試す力。この3つがなかったらスポーツは上達しません。

子どもたちには何度もこの話をしているので、途中で「じゃあ今必要なのは何の力？」と訊ねると「(話を)聞く力！」などと答えてくれます。

この「3つの力」は、実は社会に出ても大切なことです。たとえば仕事でも、上司や先輩から教えてもらうのを待つのではなく、自分でアンテナを張っていろいろな人の話に耳を傾け、周りを見て学び、実際にそれをやってみる。「聞いて、見て、試す」の繰り返しによって成果が生まれてきます。子どもたちには、そういう発想を持った大人になってほしいのです。

その大切さを実感したエピソードがあります。

昨年、5年生のBチームがある大会に出場しました。勝ち進んだのですが、決勝では惜しくも0対1で敗戦。攻撃面では走者三塁で一人の子がセーフティーエンドラン(ゴロを転がすことで走者を返す作戦)を自らの考えで仕掛けたものの、空振りをしてチャンスを潰してしまいました。

それを見た瞬間、私はふと「そういえばこの子、エンドランではいつも空振りをしているな」と思いました。そして次の週のバッティング練習でも、やはりエンドランになると空振りを続けていたので、「上手くいかなかったのなら違う打ち方に変えてみたら？」と伝えました。

間もなくして、バットがボールに1回当たりました。そこで「おっ、当たったやん！　じゃあしばらく顔をそこに残しておいてみな」と助言。すると、次からはエンドランが全部成功するようになったのです。

このケースを例に出して、私はみんなの前で言いました。

辻「一生懸命って何やと思う？　時間を使うこと？　数をやること？　同じことだけをただひたすらやり続けること？　俺はそうじゃない。一生懸命に自分で考えて、いつもとは違うことをやってみる。思い切って今までのものを変えてみる。それが一生懸命やと思う。Aは、何をやったらエンドランが成功するようになったんや？」

A君「空振りしていたけど、ボールとバットが当たった所を見たまま顔を残すことで全部成功するようになった」

辻　「そうやろ？　変えたから良かったんやろ？　それが大事なんや。ノックでも失敗して悔しがるけど、一生懸命に何球も受けていたって、いつまで経っても捕れへん。じゃあ、捕り方を変えなアカン。そこでパチーンとメッチャいい感じでグラブに入る捕り方がどこかにあるんや。どれだけ良い性能の機械でも、ヒューズがつながらなかったら動かへん。でも、どこかでヒューズがバチーンと合ったらできるようになるんや」

もちろん幼児や1年生、あるいはまだ野球を始めて間もない子などの経験が浅い段階では、まだ技術的な引き出しを何も持っていないため、ヒューズを探すというよりもまずはしっかりと土台を作るところからのスタートになります。

ただ、ある程度の土台を作って5年生にもなれば、もういろいろな捕り方や投げ方、打ち方ができるようになっている。機械でいう性能の部分はしっかりと備わっているので、あとはどのヒューズをつなげればいいのか、自分で考えていくことが大事になるのです。

子どもが失敗したとき、大人は「もっとしっかり練習しなさい」などとアバウトなことを言ってしまいがちです。しかし、失敗する前と同じことをずっと続けていても、上達はあまり期待できません。子どもたちが自分で考え、いろいろなことを試してみる。そこを刺激してあげることが大切だと思います。

「違う学年の子」と交ざることによる大きなメリット

私たちは昔、学年ごとに1チームずつを組むようにしていました。しかし、これだと人数が多い学年の子はあまり試合経験が積めず、次世代を見据えて下の学年の子を上の学年のチームに多く入れることもなかなかできません。

そこで、各学年の中でも九人ずつ分けてA・B・Cなどと複数のチームを作り、練習試合の数を増やしました。そうすれば全員が試合に出られますし、下の学年の上手い子はどんどん上の学年のチームに入ることができます。序列をつけるので少なからず、子どもや親のプライドを傷つけないような配慮は必要ですが、現在はこれが自然な形として浸透しています。

学年が違う子と関わるというのは、大きなメリットがいくつかあります。

たとえば5年生の上手い子というのは「よし、6年生のチームに入って試合に出てやるぞ」と強い想いを持っていたりもするので、そのチャンスがあればさらに伸びていきます。

一方、6年生のほうでも「ポジションを奪われるかもしれない」「出場機会を取られて悔しい」と思う子が出てきて、また努力するようになる。

ハッキリと優劣をつけられることで子どもたちのやる気が刺激されるきっかけになるわけです。

また、5年生のチームではいつも中心になる子が抜けているので、残った子たちは「自分たちが引っ張らなければいけないな」と、こちらもモチベーションが上がります。さらに、チーム全員がみんな負けず嫌いというわけではなく、「運動がしたい」「試合ができれば楽しい」という子もいるのですが、その子たちも試合への出場は確保できているので、満足感を得られます。

そうやって、子どもたちをそれぞれ充実させることができるのです。

さらに昨年には、新しい試みをしました。

その日は3年生と2年生がどちらも20人ほどいたので、4チームに分けて紅白戦を行いました。ただし、通常なら3年生Aチーム対3年生Bチーム、2年生Aチーム対2年生Bチームとするところを、学年関係なくごちゃ混ぜにしてA・B・C・Dの4チームにしました。

メンバーの決め方としてはまず、スピードガンを使って全員の球速を測りました。それくらいの年代の子は球速と野球の実力がだいたい比例します。そのスピードのボールを投げられるということは、それに近いボールも捕れるということで、「守備の上手さ」が判断できます。

そうやってレベルを把握したら、3年生の球速1~4位を4チームに分け、5~8位を4チームに分け……というふうにして各チームに五人ずつ配置。続いて2年生も同じように五人ずつ分け、戦力が均等な4チームを作ったわけです。これでA対B、C対Dの紅白戦を行ったところ、見事にどちらも引き分けでした。

嬉しかったのは、どちらも必死に試合をする中で、3年生が「勝ちたい」という想いから2年生にアドバイスをし、自分が知っている野球を一生懸命に伝えようとしていたことです。

実はこの3年生たち、個々の力はあるのですが、リーダーシップを取れる子がいないという課題がありました。

たとえばランダウンプレー（走者を塁と塁の間に挟んでアウトにするプレー）などでも「俺がアウトにする！」という気持ちが見られず、みんなで責任を押しつけ合っているように何度もラリーが続いてなかなかアウトにできない。部員数が多いと、逆に「誰かがやってくれるだろう」といった雰囲気になりやすいというデメリットもあるのです。

一番強いチームというのは、子どもたち全員がリーダーシップを取れるチームです。ただ3年生A対3年生Bという紅白戦の場合、リーダーシップを取る子が出てくるのはおそらく各チーム一～二人ずつ。多くても四人程度でしょう。

しかし、今回のケースでは、各チーム一～二人ずつだとしても四～八人。ましてチーム内の半分はみんな2年生なので、ほとんどの3年生が刺激を受けたかもしれません。

そして、2年生の中でも上手い子はひとつ上のレベルでやれることを喜んでいますし、そうではない子も優しいお兄さんたちから野球を教えてもらって喜んでいる。子どもが子どもに教えるというのもまた、近い年齢同士の言葉で伝えるのでとても分かりやすいと思います。

さらにそういう経験をした2年生はやはり、今度は現在の1年生たちに教えたくなると思うのです。

人に教えることで心が成長し、教えた以上は自分でもお手本を見せなければならないので、より野球も上手くなっていく。その試合はものすごく良いきっかけになりました。

子どもの成長を促したいなら、やはり同学年だけではなく、違う学年の上級生、下級生とともにプレーしたりコミュニケーションをとったりすることも大事。そこで刺激をもらうというのは、とても効果的だなと実感しています。

子どもに「自分で立ち上がる経験」をさせてあげてますか？

ある日の幼児教室。フライ捕球の練習で私が子どもたちにボールを上げていると、一人の子が転んで、泣いてしまいました。それを見てすかさず近くにいた保護者が助けに行こうとしたのですが、私はこう言いました。

「お母さん、構わずにそのまま見ていてください。僕が見ている限りは大丈夫なんで」

そのまま黙って見守っていると、その子は自分で涙を拭いて立ち上がり、グッと痛みをこらえながら練習にすぐ戻ってきました。

この対応はもちろん、命にかかわるようなケガじゃないという確信があってのこと。

それに、親が事あるごとに手を貸していると、子どもはいつまで経っても自立できません。あの場面で端のほうへ連れていって手当てなどをしていたら、逆に練習へ戻りにくい雰囲気にもなってしまうでしょう。

実は、私は保護者によく「親バカくらいがちょうどいい」と伝えています。特に幼児や小学校1〜2年生くらいであれば、親子が積極的に関わることでお互いのモチベーションが上がり、どんどん成長していきます。

しかし、「親バカ」にも種類があります。

私がいいなと思うのは、子どもがやりたいことや興味を持ったことに対して「よし、じゃあ思う存分にやってみろ」と環境を整えてあげる「親バカ」。逆に何でもかんでもその場で子どもの手助けをしてあげる「親バカ」では、なかなか育ちません。

特に一人っ子の親などは、子育てに慣れていないことや普段から子どもの行動に目が行き届くこともあって、なかなか子離れできないケースが多いです。逆に複数の子どもを持つ親は子育てに慣れており、下の子が上の子を見て育っていたりもするので、少し余裕を持った対応をします。

そんな傾向もありますが、いずれにしても昨今の世の中は物騒。安全面を考えると、ひと昔前のように子どもだけでどこかへ遊びに出かけたりすることはなかなかできず、どうしても親と一緒に過ごす時間が多くなります。

そんな時代だからこそ、私は子どもたちを野球選手として育成するだけではなく、人間としてもたくましく自立させたいと思っています。

では、どうすればいいのか。親が近くにいない環境を作れば、子どもたちは「自分で何とかするしかない」と自覚し、精神的に大きく成長すると思っています。

そんな想いもあって私は昨年、日帰りの遠征に関しては保護者の同伴を禁止しました。

この試みは、親子にすごく良い刺激を与えられました。

たとえば遠征ではお弁当を用意せずに出発し、途中でコンビニなどに寄って、自分たちで昼食を買って食べたりします。量が足りなければ、また帰りにもコンビニに寄る。また飲み物も、普段は親に用意してもらってクーラーボックスにいろいろと入れていますが、遠征時は自分で必要な分だけを買っています。自分で財布を管理し、必要なものを選んで買うという経験は、社会の常識を学ぶ上では必須です。

あるいは高速道路のサービスエリアに寄った際は、「○分にバス出発やで」とだけ伝えておくと、みんなバーッと降りてトイレに行ったりお店に寄ったり、家族にお土産を買ったり。子どもたちはそれがとても楽しいようで、しかも出発時刻に合わせて時間管理まで自分でするようになったのです。

通常の遠征だと、チームのバスも出しますが、各家庭で車を出して送迎するケースも多いため、結局は親の管理下。しかし、せっかく外に出るわけですから、普段できないような経験を大いにするべきだと思います。

さらに、たとえば全国大会などの宿泊を伴う遠征の場合、基本的には「宿泊先は家族単位でどこに泊まろうと自由です」と言って家族で過ごしてもらうのですが、唯一、京都府で行うロゴスランドカップという大会では保護者の同伴を禁止しました。試合会場に隣接するロッジ型の宿泊施設「ロゴスランド」に泊まり、アスレチックで遊んだり、バーベキューをしたり、大浴場に入ったり。そうやって、みんなで集団生活をするのです。

こういうとき、片付けや身支度などで「間に合わない！」と言って走り回っているのはだいたい、普段から親に身の回りの世話をしてもらっている子。また、最近の子どもたちはとても忘れ物が多いのですが、これは持ち物を自分で用意しないから。何が入っているか自分で把握しておらず、グラウンドに着いてから「着替えがない！」などと焦ることになるのです。

そういう子の親は「保護者の同伴禁止」と言われるとものすごく不安がるのですが、こういった経験こそ成長するチャンスです。

そして私が見ている限り、子どもたちは親がいなくてもちゃんと生活できています。そういう環境に入ってもらい任せることで、親が思っている以上に子どもは適応していくのです。

子どもを褒めるということは「ちゃんと自分を見てくれている」と感じさせてあげること

子どもたちを育てていくときに「褒めて伸ばす」という手法はとても大事になってきます。

相手が幼児や初心者の場合は、これまでにも話してきたように成功体験が大事。成功したことを理解させて「楽しい」「嬉しい」と思わせるためにも、声に強弱をつけながら一気に褒めていくことが重要です。私は特に「おぉ〜!」「すご〜い!」「上手〜い!」「天才や〜!」といったワードをさまざまなトーンで頻繁に使っています。

2年生以上になると、今度は実戦形式の練習や実際の試合も入ってきます。座学で伝えたことをその場で教え込んでいったりするので、とにかく褒めるというよりは、指摘やアドバイスなどの声などが増えていきます。

そして、良いプレーが出たとき、良い考え方で臨んでいるときなどには「ナイスプレー！」「オッケー、今のはいいぞ！」といった褒め方も出てくる。さらに言葉だけでなく、ハイタッチやサムズアップ、両手で大きく丸を描いたりとジェスチャーだけで示すときもあります。

また、子どもたちを集めてミーティングをするときにはよく「こういうときはどうする？」と質問をするようにしています。パッと答えが出たりすると「そう、その通りや！」「今誰か言うたな？　誰や？　〇〇かぁ、すごいやん」としっかりと伝えます。そうやって褒めることでモチベーションを上げているので、子どもたちは私の話に対して聞き耳を立て、わりと積極的に言葉を返してくれます。

ただし、実はこのやり方だけを続けていても歪みが生まれます。

というのも、みんなの前で褒められるというのはすごく気持ちが良いもので、それに慣れてくると、子どもたちも賢いのでだんだんこちらの意図を汲んで、答えを寄せるようになってくるのです。

「理解できているから答える」というわけではなく、目的が「褒められたいから答える」に変わってきてしまいます。一方で「答えは分かっているけど、わざわざ言わなくてもいいや。別に褒められたいわけじゃないし」と、その場ではスッと引いていく子も出てきます。

私はいつも純粋な気持ちで褒めているのですが、子どもたちにとっては、褒められたい人のアピールの場になってしまうこともあるわけです。

したがって今は、みんなの前ではあえて何も言わずにあとで本人にだけこっそり褒める、という方法も使っています。

最近のことですが、ある練習試合で大きな成長を見せた子がいました。

私たちが攻撃をしているとき、打席に入った投手の子が死球を受けてしまい、チェンジになっても脇腹を押さえていました。そしてマウンドへ向かいながらも、少し渋る様子を見せていたのですが、するとその姿を見て、サードを守っていた子が言いました。

「とりあえず俺がキャッチャー行くから、○○（捕手の子）はピッチャー行って。△△（投手の子）はサードについて、痛くなくなってまたピッチャーができるようになったら言ってきてな」

そうやってパパパッと判断して指示を出し、審判にメンバー交代を告げに行ったのです。

これは完全に、普段の私が口にするような言葉。その日は子どもたちに試合を任せるというテーマのもと、私はベンチに入らなかったのですが、その子は「おそらく監督だったらこう考えるだろうな」と私になり切って自分で判断したのです。私は思わず「すごいなぁ」と呟いてしまいました。

試合後、私は個別にその子のところへ行って、一連の行動を褒めました。

続いて2試合目。その彼は投手を務めたのですが、初めて見るような良い表情で思い切り投げていました。

実は普段、上手くいかないと拗ねたりして、チームの雰囲気に悪影響を及ぼすような態度を取ることもある子だったのです。しかし、その試合では自分が「ストライクだ」と思ったものをボール球と判定されても、まったく気持ちを切らさずに集中。確実に心が充実していました。

一対一で褒められると「自分にだけ褒めてくれた」「ちゃんと見てくれているんだ」という嬉しさも感じるようになります。みんなの前で褒められるのも嬉しいとは思いますが、それ以上に効果があるのだと実感しました。

「自己肯定感が下がらないように……」
競争や比較を必要以上に避けていませんか?

第7章

失敗してもらう

子どもの支えになる「心の基礎体力」の育て方

子ども「心の基礎体力」は
成功したときの喜びと
失敗した落ち込みの両輪で育てる

子育てをする上で私がなぜスポーツをおすすめするのかというと、それが小さな失敗と小さな成功を何度も繰り返していくものだからです。

スポーツをしていると、挫折したときの落ち込みと達成したときの喜びがとても顕著に表れます。たとえば野球の守備でも、ひとつエラーをしたら落ち込みますが、ひとつアウトを取れたら嬉しくなる。投手なら打者に打たれたり、打者を抑えたり。バッティングなら三振したり、ヒットを打ったり。そういう場面が試合でも練習でも何度も訪れます。

そして、その波を経験しながら何度も失敗を乗り越えていくと、少しずつ〝心の基礎体力〟がついてくるのです。

子どもたちにとっては、成功した喜びと同じくらい失敗して落ち込むという経験も大切です。さらに肝心なのは、失敗した後で「じゃあどうするか」というのを考えること。周りの大人が、気持ちを切り替えられるような導きや声掛けをしてあげることも必要でしょう。

また、野球などの団体競技の場合は仲間と一緒に励まし合ったり、あるいはその仲間と自分を比較することで気持ちを高めることもできます。逆に学校の勉強などで求められるのは、基本的には自分が目の前のことに集中して取り組むかどうかだけ。勉強している最中に失敗があっても、その場でそれを乗り越えるという経験はできません。

ただし、圧倒的な挫折感を味わってしまうと、子どもたちは嫌になって辞めたくなってしまいます。

極端な例ですが、まだ小さな1年生の子をいきなり6年生の試合に出してしまえば、飛び交うボールも人の動きも速すぎてついていけず、「ボールが怖い」「つまらない」ということになってしまいます。あるいはミスなどを周りが最初から責め立てると、怒られたというトラウマから常に「失敗したくない」とマイナス思考に陥ってしまいます。

心を鍛えて基礎体力をつけるというのは、決して厳しい環境に入れたり、子どもにプレッシャーをかけて強く育てるということではありません。

私は落ち込みそうになっても、何の根拠もなく「結局は全部上手いこと成功するんだよな」という思考になるのですが、子どもたちにもそうやって前向きに考えられるような心を持たせたいと思っています。

だからこそ、特に幼児教室や初心者の体験入部といった導入の段階では、まずはとにかく成功体験を積ませることからスタートしています。

ボールを捕ることから始め、最初はこちらからグラブにボールを入れてあげながら「捕れた」という成功体験を味わってもらう。もちろん捕ることができないときもあるのですが、そこは全部スルー。できるだけ1球ずつの間を縮めてリズムよくポンポンと進め、失敗を失敗だと感じさせないようにしています。

こちらがそのスピード感を重視してミスをまったく気にしないので、実際に子どもたちも「失敗した」とは思っていません。そもそも捕れないのが当たり前。それを大前提として、ボールを捕ったときには「おぉ〜！　すご〜い！」「メチャメチャ上手いなぁ！」「天才や！」などと全力で褒めます。

成功体験というのは、最初はすべて奇跡や偶然です。もしかしたら本人は目を瞑《つぶ》っているかもしれません。しかし、それでも全然構いません。「ボールを捕れた」という成功体験がその子の野球人生における土台になっていきます。

野球好きのお父さん方によくありがちなのは、自分の子どもといきなりキャッチボールをしたりノックをしたりするケースです。私は導入の部分で子どもたちの恐怖心を取り除くことが大事だと思っているので、「いきなりキャッチボールとかは絶対やらないでくださいね」とクギを刺しています。まずは捕る練習と投げる練習を別々に行い、そこで技術を身につけさせながら自信を持たせていくことが重要です。

ちなみに、バッティングは二の次です。もちろん子どもたちはバッティングが好きなのですが、じゃあ「バッティングのほうが喜ぶはずだ」といわれるとそうとは限りません。バットを振りながら動いているボールを打つというのはそう簡単にできることではなく、最初はほとんど空振りで終わります。守備よりも失敗する確率が圧倒的に高いので、楽しさはそれほどでもないのです。

子どもたちが好きなのは「バッティングをすること」よりも「成功すること」だと思っています。

そして、失敗したことを自覚させるのは、試合を経験させたときです。

個人で練習をしているうちは、失敗しても「はい、次」となるので挫折をしないのですが、試合になるとアウトかセーフか、点数が入ったか入らなかったか、チームが勝ったか負けたかという結果が見える。ここで初めて「失敗したんだ」ということが分かるのです。

ここから、子どもたちの心の中では格闘が始まります。

失敗したことが悔しくて、それを乗り越えようと必死に練習する子もいます。あるいは失敗が嫌だからと、最初からボールを捕りに行かなかったりバットを振らなかったりと、後ろ向きに考える子も出てきます。

そういう子どもたちに対して、私たちはまた個人練習で成功体験を積ませていきます。指導者が〝奇跡待ち〟をして、上手くいったときには「よっしゃ〜！　いいぞ！」とやはり全力で褒めて自信を持たせていく。その繰り返しによって、心の基礎体力をつけていくわけです。

塞ぎ込んでしまう人も多い世の中だからこそ、スポーツの存在意義というのはこれからもっと大切になってくるでしょう。

「どれだけ失敗しても最後は必ず成功する」

そう考えられる子どもが増えてくれるといいなと思っています。

勝利を目指すことの本質。押しつけるのではなくその子にあった目標を

先ほど、子どもにとって失敗と成功の経験が大切という話をしましたが、子どもたちには試合に勝った喜びや負けた悔しさという気持ちも、スポーツを通じてぜひたくさん味わってほしいと思っています。

特に野球のような団体競技の場合は、自分のプレーの結果だけでなく、みんなで協力して戦っていく中でチームの勝敗に対しても気持ちが入り込んでいくものです。そのため、個人の育成はもちろんですが、チームを育成することも大切にしています。

私たちはこれまで「世界一楽しく！　世界一強く！」を掲げてきました。「楽しくて強い」というのはチームとして究極の形。逆にいえば、「楽しい野球」だけでも「強い野球」だけでもダメだと思っています。

今の少年スポーツ界では勝利至上主義が非難されがちです。たしかに、勝つことだけに価値を置いているとさまざまな弊害が出てきます。

勝利を求めるあまり、過度に厳しい指導をしたり、子どもたちに不必要なストレスを与えたり。また、負けてしまったときには一気にチームが崩れてしまう可能性もあるでしょう。

それでも、私はチームを強くして勝利を目指すことはとても重要だと思っています。

勝利というのは結果がハッキリと表れるもの。それを目標に設定することで「達成するためにはこれが必要」「じゃあそのためにはどうすればいいか」と逆算して過程を考えるようになっていきます。

さらに、たとえば「優勝」という目標を設定して達成できなかったとしても、その過程の中でどこを変えれば良かったのか、今度は反省が生まれてくる。準優勝なら「このときにこっちを選択したほうが良かったのかな」とか、あるいは3回戦負けなら「まだまだ力が全然足りなかった。これだけじゃなくてこれとこれも必要だったな」とか。先に目標を決めておくと、そこに辿り着くための道を作りやすくなるのです。

そして、成果をあげるために「考える」という習慣が身についていきます。これが一番大事なことであり、「楽しさ」だけを求めていては絶対に生まれてきません。

要は何事も〝設計図〟を作り、目標に向かうための道のりの部分を充実させたいのです。

よく「勝利は求めていない」とか「過程が大事」「頑張ったことに意味がある」と言う人がいますが、最初から「負けてもいいや」と思っている程度の目標設定なのだとしたら、そこに対しては過程も何もありません。

勝利という結果を求めていくからこそ、勝った喜びや負けた悔しさが生まれ、いろいろと考えて試行錯誤するようになるわけです。

なお、チーム全体では「勝利」「全国大会出場」「日本一」などを目標に置いていますが、だからといって、子どもたち全員に高いレベルを求めているわけではありません。

私がこだわっているのは、どんな子どもであっても全部受け入れるということ。その中には当然、「運動が苦手だから体を動かせるように」とか「人付き合いが苦手だから集団の中にいる楽しさを感じられるように」といった目的で親と一緒に来て、それがきっかけで入部した子もいます。

ただ、そういう子たちにもやはり目標を持たせることが大事です。

昨年、5年生になって入部してきた初心者の子がいました。話を聞くと、運動が苦手で学校の体育も大嫌い。ただ、野球を観ることだけは好きだったとのこと。

私はまず幼児や1年生と一緒に成功体験や楽しさを味わってもらうことからスタートし、基礎技術の習得とともに自信をつけさせていきました。

すると、本人が「2年生と一緒にやってみたい」。そこでひとつ上のレベルを体感させていくと、さらに高い目標が生まれてきたのでしょう。今度は「同じ学年の5年生チームの中に入りたい」。そうやって少しずつ心が動き、周りのレベルについていくために、家で自主練習をするようになったのだそうです。

つまり、他の5年生のレベルを基準にして、「じゃあそこに追いつくためにはどうすればいいか」と自分で考えるようになったわけです。

そして、もともと体を動かすことが「嫌い」だったのが「普通」になり、今では「好き」になっている。やはり目標をしっかり設定することで、子どもは大きく成長するのだなと思います。

さらに、目標と同じぐらい重要なのは、反省を踏まえて「次、どうするか」を考えることです。

私たちの場合も反省材料が毎年あり、「次の年はこうしてみよう」と少しずつ変えています。

特に2020年はコロナ禍に入り、大きくやり方を変えなければなりませんでした。

そこで意識したのは「時短」です。

最初は親子がより活動しやすいようにと休日の練習時間を1日から半日へ減らしたのですが、その結果、どんどん人が増えていきました。そんな中でいかにみんなに楽しんでもらいながら上手くなってもらい、さらに勝利という成果もあげていくかを今も考えています。

私が子どもたちに伝えているのは、目標を叶える道筋はひとつではないということ。真っ直ぐ進むよりも、むしろ右に行ったり、左に行ったり、悩んで試行錯誤してほしいと思っています。

そして大人は、子どもが迷わないように目標を定める手助けをしてあげてほしい。幅を持って接してあげてほしいと思います。

私自身、それまでと同じルートではなく、違うルートで頂上に向かう道を日々探しています。

「楽しい野球」の次の形として、〝令和の根性野球〟の大切さ。自分で限界を伸ばしていく

今、私たちが浸透させようと新たに取り組んでいるのは、「新しい根性野球」です。言い換えるなら「令和の根性野球」。

私自身、近年は「根性」を全否定していました。だからこそ「楽しみながら上手くなる野球」を掲げ、「根性なんて必要ない」「根性がなくたって勝ってみせる」といった気持ちで結果も出してきました。

しかし、ある年のチームを見ていると、ふと違和感を抱くことが多くなってきたのです。たとえば、試合でブワーッと大応援されるだけで気が散ってしまってバットを思い切り振れない子がいたり、4～5点くらいパンパンと点が取れたら全力でプレーできるのに、0対0だと縮こまってビクビクしてしまう子がいたり。

要は少しのプレッシャーに飲み込まれ、自分の力を最大限発揮できないのです。

「どれだけ苦しい場面でも、僕は全力でやり続けるぞ！」とチームを引っ張るような子がいないなと思ったとき、「あっ、やっぱり何か新しい形の〝根性野球〟って必要かも」と感じました。

そして、すべてにおいて、やり切ることなく諦めてしまう、辛くなったらやめてしまう、そういう「弱さ」を払しょくし、自分が限界だって思うところからそれに耐える、逃げない忍耐力を身につけるために、効果的な練習はないかと考えたのです。

私たちのグラウンドには、センターの後ろに約20メートルの「心臓破りの坂」があります。

ここを「根性坂」と名付け坂道ダッシュを始めることにしました。

子どもたちを坂の下に集めます。

辻　「今、絶対に頂上まで全力で走ろうって思っているやろ？」

選手「思ってます！」

辻　「でも、途中でやめよう、辛いなって必ずなると思う……。そうしたら、その場所を教えてほしい」

子どもたちには、その瞬間に「来た！」と叫んでほしいと伝えました。そして、いつもだったら力を「抜く」であろう限界の場所から、あと2歩、3歩、全力で走れるかどうか。そういうチャレンジをやってみようと。

私は子どもたちが「来た～！」と叫んだら、振り向いて見るようにしました。

いわゆる旧来の「根性野球」では、「絶対に、最後まで全力で走り抜け！」と大人がすべてを課していたと思います。しかし、この練習は違います。

子どもたちが自分自身で限界を作って、頭に「もう無理だ……やめよう」と浮かんでくる。

それは仕方ありません。

でもそこまでの距離をもっと伸ばしていこう、と。

「もう無理だ……やめよう」っていうのをどんどん先に延ばしていこう、と。

それは「あそこまで全力で行け！」とやらされているわけではないんです。

自分で調整できることに意味があります。

やはり、自らその限界を伸ばそうと思わなかったら、「正しい根性」はつきません。

「やめたい」と思ったときに、何も考えずに「やめてしまう」。

だから、自ら成長できる場面に怖がらずに飛び込めるような子どもになってほしいと願い、「令和の根性野球」と掲げることにしたのです。

もちろん、〝昭和的〟な無茶な練習は行いませんし、子どものケガのリスクや体調のことは第一に考えて取り組んでいます（走り込みも熱中症の危険がある夏場などには行いません）。

「正しい根性」というのは、指導者や親などから与えられて身につけるものではありません。

昔の厳しい時代の「根性」は、やらされているメニューに耐えるという根性。強制されたことをひたすら耐えるという根性。

私たちが目指す根性のつけ方は、自分で選択できる、というのがポイントです。

「やめてもいいし、やり抜いてもいい」という根性。どっちを選ぶのか、厳しい道を進んでもいいし、楽をしてもいい。

その判断を〝任せる〟環境を作ることが我々の役目なのです。

もうワンステップ上の自分に到達するためには、そこはもう本人の心しかないと思います。


自らが頑張って限界を伸ばしていけるか。

ここでやめたいと思う気持ちを伸ばしていけるか。

いろんなことをやり切ったら、最後には目に見えない力、諦めない自分というものが備わってくるのです。

こうして辿り着いた根性は、必ず子どもたちを良い方向に導いてくれるはずです。

「今の時代は叱れないから……」
子どもと向き合わない育て方をしていませんか？

第8章

大人と向き合ってもらう

子どもを導くために、正しく「叱る」という選択肢を

「叱らない」のではなく、「叱れない」大人になっていませんか？

かつて、体罰が当たり前に行われていた時代がありました。ようやく見直されてきましたが、まだスポーツや教育の世界から完全になくなったとはいえないのが現状です。

ハッキリといえることは、体罰は決して許されないということです。ただ指導者の目線からいうと、一概に否定できない部分もあります。

たとえば、命が危険にさらされるようなケース。これは相当大事なので、すごい勢いで「そんなことをしたら死んでしまうんだぞ！」と叱るしかないと思います。

そういった例外はあるものの、野球でいえばプレーのミス、子育てでいえば子どもの失敗。そこに対して体罰は必要ありません。

失敗を反省させるとき、体罰というのは実は一番手っ取り早い方法です。しかし、アレンジが利きません。お金を盗んだ子に体罰をした場合、「お金を盗んだらいけないんだ」と理解させることはできます。ただ、そこから「じゃあ物を盗めばいいんだ」と都合よく解釈する子も出てきます。つまり、「盗むことが悪いんだ」というのを教えておかなければ意味がないのです。

体罰で教えられるのは、本当に特定のことしかありません。子どもたちは結局、体罰を何とか避けられるように意識して過ごすだけ。つまり、そもそも物事の善し悪し自体はあまり教えられないものだといえます。本当に子どもを正しく導きたければ、体罰をしてはいけないのです。

では、親でも指導者でも、本当に反省させなければならないときはどうすればいいのか。子どもたちに真剣な表情をバッと見せて、低くて大きな声でハッキリと叱ることが大事です。

昨年の秋の話ですが、8月の全国大会を終えた6年生チームが〝無法状態〟になっていた時期がありました。

私は次世代の育成に向け、他のコーチとともに5年生以下のチームを指導。6年生に関しては「もう自分たちでできるだろう」と手を離し、試合のときはまだ加入して1年も経たない見習いコーチに任せていました。

そんなあるとき、チームのマネージャーが「あんな態度は相手チームに失礼や！」と憤慨していました。話によれば6年生が試合中、野球とはまったく関係ない話でゲラゲラと笑いながら、ベンチ内でお互いにヤジを飛ばしたりいじり合ったりしているのだと。

おそらく、その場にいるのが見習いコーチだということで「どこまでやったら怒られるかな」と限界を探り、まったく叱られないからどんどん緩んでいったのだと思います。

私は6年生とその親を集めました。

そして「練習試合に行った相手チームから『多賀はすごく態度が悪い』って言われたんやけど、どないなってんねん！」と、あたかも相手チームから指摘を受けたように鎌をかけて言いました。

きっと子どもたちは、自分たちが叱られると思ったでしょう。

しかし、私は子どもたちではなく、近くにいた見習いコーチに対して声を荒げ、怒鳴りました。

「お前がしっかりせんからや!!」

子どもたちに直接的に圧をかけてはいけないと思い、あえてコーチを厳しく叱ったわけですが、あんなに低くて大きな声で大人に声を荒げる私の姿を見たことがないからでしょう。その瞬間、彼らの背筋はピンッと伸びました。「この人は本気なんや。自分たちが調子に乗ってふざけていたら、怒ってこうなるんやな」。私はそう思わせたかったのです。

さらに、親に対してはこう続けました。

「このコーチはまだチームに入って間もないんです。だから親同士、しっかりと子どもを叱れるような大人でいましょうよ。〝怒る〟っていうのは自分の感情的なもんやけど、〝叱る〟っていうのは子どもらを是正するもんやから。で、叱られた子どもの親は『(自分の子どものために) ありがとうございます』と言えるような関係でいましょう。『なんでウチの子だけ怒られんねん』みたいなレベルの低いことだけは絶対に言わないでくださいね。このまま行ったら誰一人として子どもを叱れない世の中になってしまいますよ」

そこから子どもたちも親もグッと引き締まり、自分たちで歯止めを利かせられるようになりました。そして10月の近畿大会、最後の公式戦となった11月の県大会でともに優勝。チーム内では「楽しく、真面目に」という言葉も飛び出していました。

子どもたちも高学年あたりになってくると、人を見て対応を変えるようになっていきます。あれだけ野球が好きで、試合に集中して楽しんでいた6年生の子たちでさえ、全国大会が終わって大きな目標がなくなったらだんだん緩んでいった。誰にでもそうなる可能性はあるのだと思っています。

だからこそ、ダメなことはダメだと教えていかなければなりません。「楽しい」と「楽」は別物。子どもたちを正しい道へ導いていくためには「褒める」だけでなく、ときには「叱る」という方法も必要なのだと思います。

「お父さん」と「お母さん」の感覚の違いを意識して子どもに関わる

もうひとつ、かつての子育てと変わっている点は、男女平等という考え方がしっかり広まっているということです。そのため、昔の父親像や母親像が当てはまらない時代になっています。

とはいえ、男性と女性でそれぞれ得意分野と不得意分野の違いはあると思います。そこを把握しておくと、子育てや指導もしやすくなるでしょう。

もちろん男女の違いといっても、個人差があるので一概にはいえません。ただ、私たちのチームでは選手の両親がどちらも協力して参加してくれることが多いため、その傾向は大きく実感しています。

感覚としては、お父さん方は野球経験者や野球好きが多いこともあってか、現場で全体の流れを見ながら自分の子どもを見守っているケースが多いという印象です。一方、お母さん方はまず目の前にいる自分の子どものことに集中し、その上で全体にどう影響するかという視点でいます。

傾向としては、男性の場合は総論の中で各論を考え、女性の場合は各論を積み上げて総論にしていく。一般社会においても、会社の経営者や組織のリーダーに男性が多いのはおそらく、総論で考えられるタイプが多いからではないでしょうか。

逆に一部を切り取った細かい部分の作業、また危機管理やコンプライアンスなどの徹底に関しては、女性のほうが長けていると思います。

つまり、チーム全体の方向性を考えた上で子育てを考えるのがお父さんで、人それぞれ子育ての考え方をしっかりと持っているのがお母さん。夫婦の感覚は違っているのが当たり前なのです。

さらにいうと、遠くにある「将来」を見据えて育てるのが得意なのはお父さん、近くにある「今」を見て育てるのが得意なのはお母さんです。子育てにおいては長期的な方針と短期的な方針を両方持っていたほうが良いので、どちらの役割も大事です。

そんな考えから私は「チームにも女性目線のスタッフが欲しい」と思い、３年前にマネージャーという役職を作って、前年まで選手の保護者として人一倍働いてくれていた秋田壽美《ひさみ》さんに就任をお願いしました。

このことは、チームを運営する上で大変役立っています。

たとえば何か新しいことを採り入れるとき、マネージャーに相談すると「おそらく保護者からこういう声が出てくると思います」「お母さん方はこういうことを心配すると思いますよ」と意見を言ってくれます。よく感じるのは、お母さん方は先にしっかりと枠組みを決め、そのルールに従って動きたい人が多いということです。

私としては、まずは何事もやってみて、その現場で必要なものとそうでないものを判断して臨機応変に修正していけばいいと思っているのですが、お母さん方の感覚は違います。そこでマネージャーに話をすると、私も事前に対策を立てることができるわけです。

もうひとつ、男女の違いでいうと、男性はその場のメリットなどを優先して動きますが、女性は感情で動くことも多いと思います。

たとえばお父さんのグループ内で、ひとつのことに対して意見が割れたとしましょう。それでも「この人に頼めばチームが上手く回る」というものがあった場合、考え方の違いはいったん置いておいて、当事者間であってもパッと頼みごとをできるものです。

しかし、お母さんのグループ内で同じことが起こったときは、どんなにメリットがあったとしても「あの人には頼みたくない」と感情のほうが上回るケースがあります。

野球の世界は男性が圧倒的に多く、子どもがお父さんに連れられて体験に来るケースも非常に多いのですが、家庭内で力を持っているのは実はお母さん、という場合も多いです。入部するかどうかの決定権を持っているのはお母さん。チームを辞めたりするのも、お母さんの意思が強く反映されるということはよくあります。

保護者の方は、こうした父母それぞれの特徴を意識しながらチームの運営に関わっていくと、あらゆる場面において、「子どもの成長のために今自分ができる〝親の役割〟は何なのか？」という問いへの答えがスムーズに出てきやすくなると思います。

また、ご自身の子どもへの関わり方を振り返ったときに、お父さんは「女性的な視野」、お母さんは「男性的な視野」が足りていないなと感じたなら、少し意識を変えてみるのも良い手です。

子どもからしても「あれ、今日のお母さん（お父さん）、なんかちょっと違うな」となり、二人で取り組んでいることに対して、少し世界が広がる感覚を味わえるのではないかと思うのです。

「今のチームはこのやり方だから……」
先を見ていない「子どものため」だけを与えていませんか？

第９章

将来を見てもらう

10年後の社会で生きていく子どものための教育をしよう

今いる環境だけではなく、社会に出ても生きていける「感覚」を育てる

卒団して中学校へ進む6年生に対し、私はいつも必ずこう言います。

「これからは行った先の環境に馴染んで、いろんな大人から育ててもらって好かれるようになりなさい。決して〝多賀時間〟で中学のチームに行ったらアカンよ」

〝多賀時間〟とは、私たち多賀少年野球クラブに染み付いている時間感覚のことです。

当然、普段から集合時間と場所は伝えますが、あくまでも「この時間からこの場所でやるよ」と提示しているだけ。早めに来て体を動かしていてもいいし、時間ギリギリに来てスッと入ってもいい。用事があったり道路が混んでいたりする場合もあるので、遅れても構いません。さらに気兼ねなく休むこともできるため、近年はすごく自

由な雰囲気を持ったチームになり、子どもたちもどんどん活気づいていきました。

そもそも私は昔、スポーツというのは規律を教える場なのだと思い込んでいました。だから挨拶や礼儀、整理整頓、時間を守ること、声を出すこと、グラウンドでの全力疾走……。そういった野球以外の部分も徹底することを子どもたちに求めていました。

しかし、本来の目的は「グラウンドでスポーツを楽しむこと」ではないかと。彼らからすれば私に野球を教えてもらおうと思っているわけで、そこに気づいた十数年前からは、規律にこだわる必要はないと考えるようになったのです。

たとえば入場行進や集合などの際、私たちはきっちりと足並みを揃えているわけではないので、たまに「ダラダラしている」と指摘を受けることもあります。

しかし、野球は動きをシンクロさせる競技ではないですし、手足を90度に上げて動きをピタッと揃えながら行進したり、集合するときにきっちり整列するということは、決して開会式や閉会式などにおける重要な目的ではありません。

ダラダラとふざけて行進したりサボって式に出ないというのであれば問題ですが、自分たちでしっかりと考えてニコニコしながら笑顔で元気良く振る舞っているのであれば、何も問題ないはずです。

ただし、これまでそんな感覚を子どもたちにも浸透させてきたのですが、実はここ1～2年で「転換期に差し掛かったのではないか」と感じています。

昨年、私たちのチームから三人が中学校の体験練習に行きました。こちらからは「三人行きます」と伝えていたのですが、そのうちの一人がいつもの感覚で悪気もなく30分ほど遅刻。そのチームは全員が揃ってから練習を始めようとしていて、その子をずっと待っていたのだそうです。

入場行進や集合での振る舞いと、時間を守るかどうかというのは別問題。私は「さすがにこの状態ではもう難しいかな……」と思いました。

振り返ってみると、規律にこだわらなくなって上手く回り始めたときというのは、もともと「集合時間よりも早く行かなきゃいけない」という概念が強いチームだったため、逆に「そこまで意識しなくてもいいんだ」と適度に緩和されバランスが取れていたのです。「楽しい」を求めて活気づいていったのもまた、「厳しい」という時代があったからこそその反動だったのでしょう。

しかし、「楽しい」にすっかり慣れてくると今度は惰性になっていき、その言葉がだんだん「無理をしない」「苦しいことをしない」という意味合いに変わってきた。

昔は「自由だ」と言いながらも、理由もなく遅刻をする親子はほとんどいませんでしたが、最近は半分くらいが当たり前のように遅刻するようになっていました。

私はみんなに向かって言いました。

「これからは、遅れてきた人は途中から合流させるのではなくて別メニューにして、時間になったらグラウンドにいる人だけで始めようと思う」

遅刻しても良いけど、その代わり別メニューになってしまう。そうやってハッキリと伝えなければ、時間に対する意識は変わらないと思ったのです。

やはり、自分で考えて決められた時間に合わせるということを習慣にしてもらいたいですし、電車にしてもバスにしても飛行機にしても、時間がきっちり守られている社会というのは日本の一番良い文化のひとつだとも思います。

子どもたちは中学、高校などに進み、最終的には社会に出ていくわけで、自由を履き違えた大人になってしまったら、本人が損をするだけです。野球にしても試合時間や競技のルールは決まっているわけで、その範囲の中で自由な発想をするという考え方を身につけていってもらうことが大切だと思っています。

「導き」の原点。言葉で教えるのではなく、子どもたちに自然と気づかせる育て方

繰り返し述べていますが、幼児教室や初心者の体験入部といった野球への導入部分において、最初に心掛けるのは、とにかく成功体験を与えて恐怖心を取り除くことです。

小さい頃に「ボールが怖い」「ミスしたら怒られる」といったストレスを与え続けていると、大きくなってもそれがトラウマのように残ってなかなか抜けません。

だから失敗はスルーし、とにかく成功したときに一気に褒めることを重視します。

最初は捕ることと投げることを分けて覚えさせ、速い送球や打球が飛び交う通常練習に参加しても危なくないように、まずは守備の基礎を身につけてもらうわけです。

自分の子どもと早く一緒にキャッチボールをしたくなる親の気持ちは、とてもよく

分かります。ただ、いきなりやるのは危ないので、まずは技術の土台を作った上で、子どもが自然と伸びてくるのを「待って育てる」という感覚が良いと思います。

また、「ボールは怖くない」という印象を持ってもらうために、フィールドフォースというメーカーに協力をお願いして「グリーンセーフティボール」を作ってもらったりもしました。これは大きさは通常の軟式ボールと一緒ですが、内部の空気圧を下げているので、軽くて当たっても痛くないボールです。あるいは、練習でテニスボールを使ったりすることもあります。そういう工夫をすることで、恐怖心はより感じにくくなります。

そもそも、私は二人の息子を育てるときにも、そうやって「子どもが気づかないように自然と導いていく」という手法を使っていました。

たとえば、お座りができるようになったくらいの乳児期から家のあちこちにボールを置いておいたり、こちらからビーチボールを転がして触れてもらったり。ボールというのは球体でわりと不規則に転がったりもして、小さい子どもはすごく喜びます。

また、ボールが自分に向かって転がってきて、そのまま体に当たるのが分かれば、動体視力や距離感を養うことにもつながります。

「ビーチボールが自分に当たるということが分かってきたら、車に轢《ひ》かれることもなくなりますよ」

私はよく保護者にそう言っており、球技を使った子育てというのは最高だと思っています。


この「自然と導く」という手法に気づいたきっかけは20年以上も前、まだ息子二人が幼児だった頃のことです。

私たちが三人で散歩をしていると、高校生が空のペットボトルを田んぼに向かってポーンと投げ捨てました。私はそこで腹が立ったのですが、子どもたちも「あの人は悪いことをした」という目で見ていたので、その場では何も言いませんでした。

ただ、やはり「将来ああいう人間にはさせたくない」という想いは強く、「道端にゴミを捨てない子どもにするにはどうすればいいかな」と考えました。そこでピンと来たのが、「ゴミを見つけたら拾うような子どもにすれば、自然とゴミを捨てない子どもになるんじゃないか」ということです。

普通は「ゴミを捨てたら誰かが拾わなきゃいけないし、周りも汚くなる。だからゴミを道に捨てたらダメだよ」と教えるのでしょうが、何度もそうやって言い聞かせるよりも、本人たちに拾う人の気持ちを実際に理解させたほうがより良いと思ったのです。

翌日、私はビニール袋を持って、二人に言いました。

「よし、今日からゴミを拾う旅に出よう！」

そこから毎日、親子三人で外へ出ては「あっ、ゴミあった！」「よし、ちょっと大きいけどあれも持っていこうや！」などと言って、ゴミを拾っていきました。息子二人は「オリャーッ！」とダッシュしてゴミを取り合ったりもしていましたが、それも楽しい経験。家に帰るとゴミでパンパンになった袋を妻に見せて、「すごいでしょ！」と言っていました。

彼らは今も、ゴミをポイ捨てするような人間にはなっていません。

言葉で直接教えるのではなく、本人たちに自然と気づかせていく。

この発見が、私の子育てや野球の指導における〝導き〟の原点です。

おわりに

子どもの育て方に、「絶対的な正解」はありません。

私が本書で紹介したのは、子どもたちが自発的に考えて成長していくための導き方です。

しかし実は、強制的にやらせるスタイルでもそれなりに成果は上がります。

こちらが何を言っても心に響かない子であれば、もしかしたらそういう環境にあえて飛び込んで、一定のレベルまで強制的に上げてもらうほうがいいのかもしれません。

「この子は厳しいところに入って鍛えてもらうほうが合っている」という考えの親もたくさんいて、その需要があるからこそ、スポーツ界には子どもに強制するチームや指導者が今もまだ多く残っているのだと思います。

ただ、これは教える側と教わる側でお互いにストレスがかかります。

さらに、最終的な伸び率でいうと、やはり自分からやろうと思った子のほうが伸びる。それは間違いありません。

まして、今の子どもたちは打たれ弱い傾向があるともいわれているので、大人が試練を与えて「悔しかったらこれをやれ」「なにくそと思って乗り越えろ」と反動を促すような方法は、これからどんどん難しくなるでしょう。

やはり、「好きこそ物の上手なれ」なのだと思います。好きなことには熱心に取り組むから上達が早いということを、私自身も二人の息子の子育てを通じて大きく実感しました。

長男は小学生のとき、学校の授業をすべて理解してしまうような子でした。そのため、「勉強ができる」と自信を持っていたのですが、中学校の入学式翌日に行われた試験では、学年で真ん中よりも下くらいの順位に。

本人なりに考えたようで、「問題の文章を読むのに時間がかかりすぎてしまった。他の子は塾に行っていて点数を取るテクニックがあり、テスト慣れもしている。だから自分も塾に行かせてほしい」と言ってきました。

実際に塾へ入ると、問題がスラスラ解けるようになるのが徐々に面白くなっていったようです。最初は英語と数学の2教科だけだったのですが「他の教科もやりたい」と言い出し、そこから成績は一気に上昇。野球も強い進学校を受験して、見事に合格しました。

一方、1歳下の次男にも「お兄ちゃんが塾に行っているけど、お前も行くか?」と勧め、少し遅れて塾に通い始めました。しかし、こちらは逆に成績がなかなか上がりませんでした。自分から「行きたい」と言ってきたわけではないので、やはり成果がまったく違うのです。

けれど次男は「俺は勉強じゃなくて野球で頑張る」と決意し、スポーツ推薦で強豪校に進学するまでに。まったく違う道を進んだ二人の息子の姿を通じて、自分の「好き」を追求して自発的に学ぼうという姿勢、そしてそれを大人が支えてあげることの大切さを学びました。

スポーツでも習い事でも親や指導者は結局、自分の力で子どもたちを上手くすることはできません。

ただ、子どもたちが自ら上手くなっていくことはできます。

だからこそ大人の役割は、子どもたちが「上手くなりたい」「こういうふうになりたい」と思えるように導いてあげることなのだと思います。

最後に、私を支えてくれる家族、チームのコーチやマネージャー、そしていつも私に大切なことを教えてくれる子どもたちに感謝を。

本書が少しでも子どもとその周りの大人たちの支えになることを願っています。

２０２５年2月　多賀少年野球クラブ監督　辻正人

著者プロフィール

辻正人（つじ・まさと）

1968年滋賀県多賀町生まれ。少年野球指導者。中学から本格的に野球を始め、近江高校では野球部に所属し三塁手として活躍。20歳のとき、現在も監督を務める「多賀少年野球クラブ」を創設。以来、37年にわたり少年野球の指導に携わる。学童野球の２大大会である「高円宮賜杯 全日本学童軟式野球大会（マクドナルド・トーナメント）」と「全国スポーツ少年団軟式野球交流大会」で計３度の日本一。「世界一楽しく！ 世界一強く！」「勝利と育成の両立」を掲げ、子どもが自ら意欲的に主体的に練習に取り組んで上達していく指導法は、全国の野球指導者の枠を超えて、広く注目を集めている。チームOBには、則本昂大選手（東北楽天ゴールデンイーグルス）をはじめ、29名の甲子園球児がいる。著書に『多賀少年野球クラブの「勝手にうまくなる」仕組みづくり』（ベースボール・マガジン社）など。

多賀少年野球クラブ

1988年、メンバー12人で設立。滋賀県犬上郡多賀町で活動している。学童野球の最高峰「高円宮賜杯 全日本学童軟式野球大会（マクドナルド・トーナメント）」に17回出場（優勝2回、準優勝2回、３位2回）。『全国スポーツ少年団軟式野球交流大会』には出場３回（優勝１回、準優勝2回）の実績を持つ。2011年には日本代表として、「第７回国際ユース野球イタリア大会」に出場し優勝も果たしている。

構 成　中里浩章
装 画　坪本幸樹
カバーデザイン　小口翔平＋畑中茜（tobufune）
本文デザイン　関口菫
校 正　東京出版サービスセンター
DTP　三協美術

任せることで子どもは伸びる
スポーツで「自分で考える子」に育つ９の導き方

2025年3月19日　第1刷発行

著 者　辻正人

発行者　加藤裕樹
編 集　村上峻亮　小堀数馬
発行所　株式会社ポプラ社
〒141-8210
東京都品川区西五反田3-5-8　JR目黒MARCビル12階
一般書ホームページ　www.webasta.jp

印刷・製本　中央精版印刷株式会社

N.D.C. 783/191P/19cm　ISBN978-4-591-18554-4

P8008493